自社に合った ESG情報開示の考え方・進め方

福岡貴美 著
FUKUOKA Takaharu

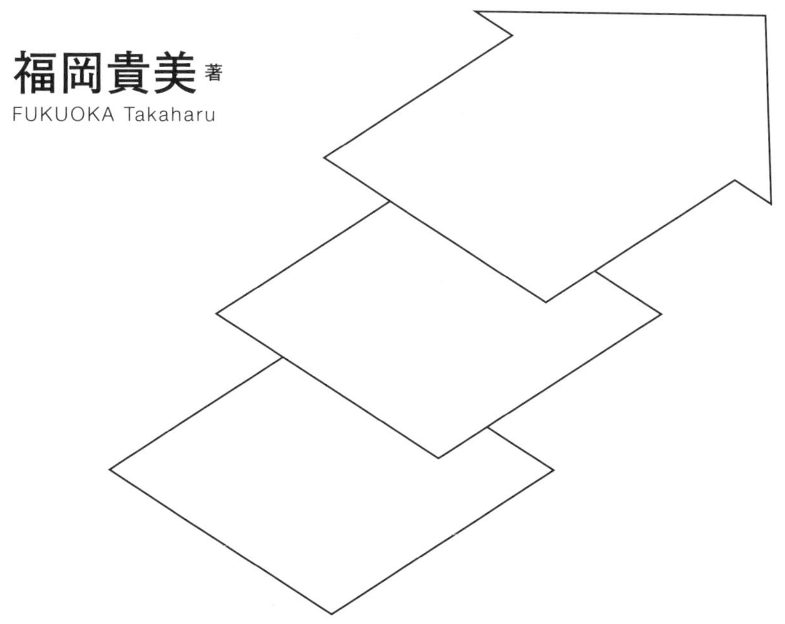

中央経済社

はじめに

企業の実務担当者が考えるESGの情報開示

まずは，本書を手に取っていただき，心から感謝申し上げたい。また，本書を手にした方で，前著『自社に合ったESG戦略の考え方・進め方』もご購入いただいている方がいらしたら，この場を借りて御礼申し上げたい。

前著は2019年１月10日に発刊され，数多くのESG関連の書籍の中でも，企業側の実務担当者の視点から書かれた書籍として評価をいただいた。発刊後は，多くの講演や勉強会，情報交換会などに参加する機会をいただき，幅広い分野の方々からのご意見やご感想を聞くことができた。

ご感想としては「頭の中に混在していた多くの言葉や概念が整理できた」という声とともに「報告書をどのように作成すればよいのかがわからない」という声も数多く寄せられた。本書では，そうしたESGの報告書，つまり情報開示について提案することにしたい。

いよいよ本格的なESG時代の到来！

2020年に，ES関連の株主提案が初めて日本に上陸した。

前著では「米国でのES関連の提案数は過去最高を更新　株主提案に慌てないために今からすべきこと」と記載した。それは近年，米国で増加しているES関連の株主提案の状況から，この流れはやがて日本にもやってくるに違いないとの考えからであった。そしてその危惧は１年後，現実のものとなった。

では，ES関連の株主提案はなぜ増加しているのだろうか。その背景として，それらを推し進めるアセット・オーナーや運用機関の存在がある。彼らの多くは，国連の責任投資原則（PRI）に署名しており，そこでは「意思決定にESGを反映させなければならない」とされている。つまり，ES関連の株主提案とは，そのアセット・オーナーや運用機関による意思決定へのESGの反映なのである。そして，そのPRIの署名は現在も増加しており，その圧力は益々強まっている。そのES関連の株主提案が初めて日本に上陸したということは，いよいよ日本でも意思決定へのESGの反映が求められる時代に入ったということである。

ESGの情報開示の目的について

読者の皆様は，「ESGの情報開示の目的とは何か」と問われたら，何と答えるだろうか。「まだ報告書がないため，とにかく報告書を作ることが最優先で目的までは考えられない」だろうか。あるいは「ESG評価機関の評価を上げるため」だろうか。ある意味では，そのとおりかもしれない。しかし，筆者の考えはこうである。それは「ESG時代に生き残るため」。

現在，グローバルではESGが競争優位の新しいイシューとなっている。その競争に敗れるということは，すなわちビジネスの敗北を意味している。本書では，そうした事態を防ぐために，ESG時代における競争優位の構築として，効率的かつ効果的なESG時代の情報開示を提案したい。

図で解説！　ESGの情報開示の全体最適

まずは，次の２つの図表を見ていただきたい。図表０－１は，ESG戦略を管理する“マネジメントツール”の図である。一方，図表０－２は，情報開示を最適化する“情報開示戦略”の図である。この２つの図表は，本書のESGの情報開示のエッセンスともいうべき概念図となっている。

図表０－１　ESG戦略を管理する“マネジメントツール”

		自社				外部環境		戦略		KPI	
企業価値・左側 財務	CF	企業理念	サステナビリティ方針	CF・株主構成方針	行動規範			長期戦略	不確実性	長期目標	年次報告
	株主構成										
2階戦略（存在価値×期待）	既存ビジネス			ブランド・ステイトメント 経営上概念		価値創造のマテリアリティ TCFDのシナリオ分析	ESのマテリアリティ				
	新規ビジネス										
1階戦略（存在価値×要請）	E			ES方針							
	S										
企業価値・右側 ガバナンス	マネジメント（執行）			コンプラ・リスク管理方針	マネジメント体制						
	取締役会（監督）		サス方針の決議	CG方針・各方針の決議	行動規範の決議と監督	マテリアリティの監督		長期戦略の決議・監督	不確実性の監督	長期目標の決議・監督	取締役会概況・評価 年次報告の承認

図表０−２　情報開示を最適化する“情報開示戦略”

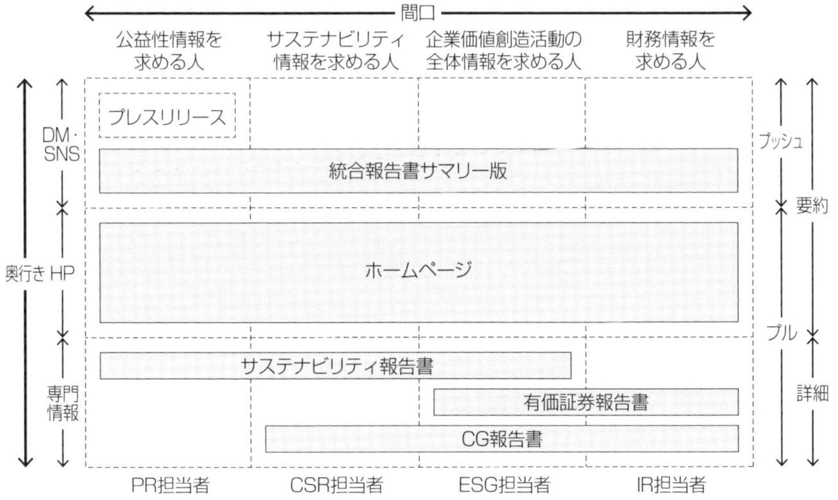

間口
公益性情報を求める人
サステナビリティ情報を求める人
企業価値創造活動の全体情報を求める人
財務情報を求める人
DM・SNS
プレスリリース
統合報告書サマリー版
奥行き HP
ホームページ
専門情報
サステナビリティ報告書
有価証券報告書
CG報告書
プッシュ
要約
プル
詳細
PR担当者
CSR担当者
ESG担当者
IR担当者

まず，マネジメントツールとはESG戦略を管理するための道具のことであるが，これを情報開示側の視点から見れば「情報開示しなければならない内容」である。いわゆる“What”である。一方，情報開示戦略は「それを効率的かつ効果的に伝える方法」である。こちらは“How”にあたる。本書のESGの情報開示では，この“What”と“How”について整理し，図表を用いてわかりやすく解説していきたい。

本書のマネジメントツールと情報開示戦略に従って自社のコンテンツを整理すれば，「自社に合ったESGの情報開示」が実現できると考えられる。

“これからESGに取り組む”という方にこそオススメ！

本書を手にされた方の中には，これからESGに取り組むという方もいるのではないだろうか。本書ではそうした方のために，ESGという時代背景からマネジメント，情報開示戦略や報告書といったすべての流れについて網羅的に解説している。その意味では，“これからESGに取り組む”という方にこそ読んでもらいたい内容となっている。読者によっては「その内容はわかっている」，「必要ない」と思われる章があるかもしれないが，その場合は飛ばして読み進めてもらっても問題はない。

それでは，ここで本書の主な構成について簡単に説明しておきたい。

まず，はじめに第１章では，ESGの情報開示を考える前の現状把握として，「益々強まる企業へのESG圧力」について確認する。ここでは，増加するES関連の株主提案の状況，それらを推し進めるアセット・オーナーや運用機関の動向について確認する。そして，彼らはなぜ，それを推し進めるのか，その背景としてどのような状況があるのかについても簡単に整理している。

企業の経営層の中には，まだまだ「なぜ，ESGに取り組まないといけないのか」という認識の人が少なくないと推察される。そうした経営層には，この第１章がオススメである。ESGの取り組みがCSRや資本市場のみならず，ビジネスの分野においても競争優位の重要なイシューになっていることが認識できるのではないだろうか。

第２章は，「情報開示ガイドラインの動向」である。ここでは，ステークホルダーとの対話の際の留意点として，共通言語や文脈にあたる情報開示ガイドラインについて，その種類や動向などを整理している。この共通言語や文脈を理解していなければ，有意義な対話を行うことはできない。その意味では，効率的かつ効果的な対話を行うためには，この共通言語や文脈を理解し自由自在に使いこなせなければならない。

では，それらを踏まえたうえで，企業は何をしなければならないのか。ここからは，企業側の対応策について整理をしている。第３章は，情報開示の前段階であるマネジメントについての整備である。具体的には，ESG戦略を管理するマネジメントツールを整理する。このマネジメントツールを整理することで，この後段階の情報開示戦略で必要なコンテンツを整理している。そのマネジメントツールの図表が，前掲の図表０－１のESG戦略を管理する“マネジメントツール”の図であり，本書のESGの情報開示の１つの大切な柱となっている。

次の第４章で解説するのは，いよいよ情報開示を最適化する情報開示戦略である。ここは，本書のESGの情報開示の最も重要な柱である。ここでは，企業が発行するさまざまな報告書およびツールを使った「効率的かつ効果的な情報開示の方法とは，どういうものなのか」について整理している。その情報開示戦略の図表が，前掲図表０－２の情報開示を最適化する“情報開示戦略”の図である。

さらに，第５章は“報告書”の再定義である。ここでは，前述の情報開示戦略をもとに，各報告書およびツールに掲載されるべきコンテンツを整理している。本章の内容は，一歩先でなく，二歩も三歩も先の提案になっているかもしれない。

第３章から第５章までは，企業側の対応策としてマネジメントの段階から報告書の作成段階までの一連の流れについて整理している。マネジメント体制を最適化するとともに，情報開示ガイドラインの共通言語や文脈を踏まえた効率的かつ効果的な情報開示の方法とはどういうものなのかについて整理している。

そして，第６章は事例での解説である。第５章までは概念的な話が多かったため，ここでは実際にヘルシーな定食屋さんの事例を使って，マネジメントツールや情報開示戦略，報告書およびツールがどのようになるのかについて解説している。

最後の第７章は全体のまとめである。

前著『自社に合ったESG戦略の考え方・進め方』では，意思決定にESGを反映させるために，戦略の視点から自社に合ったESG戦略を考えてきた。本書『自社に合ったESG情報開示の考え方・進め方』では，市場において競争優位を構築するために，情報開示の視点から自社に合ったESG戦略を考えていく。前著とともに，本書が皆様にとってESG時代の企業価値創造活動の一助になれば幸甚である。

2021年９月

福岡　貴美

目　次

第2章 情報開示ガイドラインの動向

第3章 ESG戦略を管理する“マネジメントツール”

第5章 報告書の再定義

第1章

益々強まる企業への ESG圧力

1 ES関連の株主提案の動向
2 PRI署名機関とESG投資の動向
3 CO_2ゼロ・格差ゼロ時代

1　ES関連の株主提案の動向

(1)　国内の株主提案は増加

本章では，右肩上がりに増加しているES関連の株主提案について，日本と米国の状況について見ていく。また，それらを推し進める存在として，アセット・オーナーや運用機関の動向についても確認しておきたい。

では，国内の株主提案の状況から見ていくことにする。2020年，ES関連の株主提案が初めて国内に上陸した。ついに，国内でもESG戦略が本格的に問われる時代が来たということである。

まずは，株主総会の概況から確認しておきたい。2020年の６月総会シーズンの話題は，何といっても新型コロナウイルス感染症だろう。３月決算のほとんどの企業は，例年どおり６月に定時株主総会を開催したものの来場者数は大幅に減少，所要時間も大幅に短縮された。議決権行使結果についても，新型コロ

図表１－１　国内の株主提案の社数と件数（提案株主別の件数）の推移

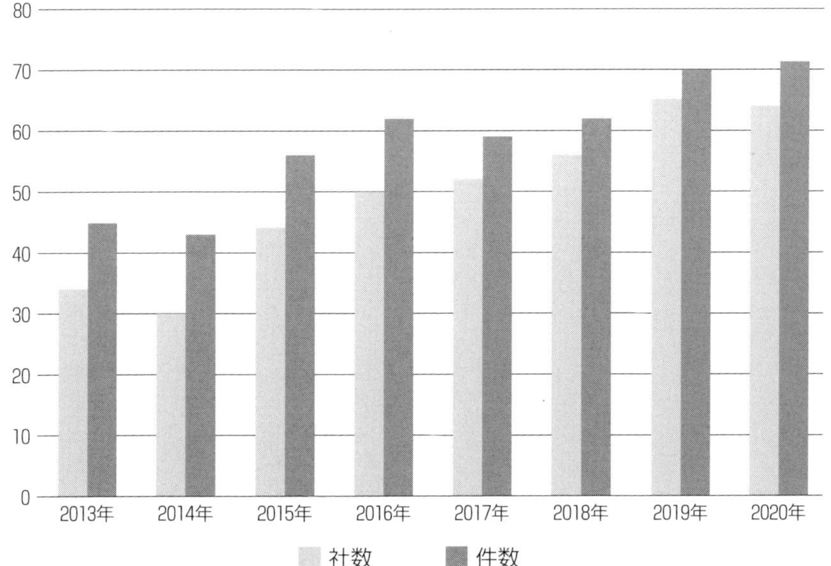

（出典：商事法務研究会「旬刊 商事法務 臨時増刊号 株主総会白書2013～2020」より筆者作成）

ナウイルス感染症の影響が考慮され，賛成率は全体的に改善傾向となっている。

では，株主提案の状況は，どのようになっているのか。図表１－１は，国内で株主提案があった社数と件数（提案株主別の件数）の推移である。

このグラフでは，左側は社数，右側は件数を表している。これを見ると，株主提案の社数と件数はともに増加傾向にあり，2020年には社数は64社，件数は71件となっている。議案の可決状況では，2020年に可決したのは３社，実質的に可決したものを含めると９社となっている。

⑵　国内初となるES関連の株主提案

2020年の株主提案のトピックとしてまず挙げられるのは，何といっても国内初となるES関連の株主提案の上陸ではないだろうか。

図表１－２　国内初となったES関連の株主提案の概要

開催年月	業種	提案株主	内容	賛否
2020/６	銀行業	環境NGO気候ネットワーク	気候変動対策のための定款変更	否決

図表１－２は，国内初となったES関連の株主提案の概要である。ここでは，環境NGO気候ネットワークによって大手金融機関に提出された。株主提案では，パリ協定の目標に沿った投資を行うための定款変更を求めていたが，株主総会の決議で過半数に届かず否決された。株主提案をめぐっては，大手議決権行使助言会社や北欧系の機関投資家などが賛同したとみられ，否決はされたものの34％という賛成票を獲得し，注目すべき結果となっている。

この株主提案は，国内でESG重視の動きが拡大する中，どこまで他の株主の支持を得られるかが焦点となっていた。今回の結果からは，国内でもES関連の流れが加速することが確認された。

⑶　2021年のES関連の株主提案

では，2021年のES関連の株主提案の状況はどのようになっているのか。2021年の主なES関連の株主提案の状況は，図表１－３のとおりである。

図表1－3　ES関連の株主提案の概要

開催年月	業種	提案株主	内　容	賛否
2021/6	卸売業	環境NGOマーケット・フォース	気候変動対策のための定款変更	否決
2021/6	金属製品	オアシス	気候変動対策のための定款変更	否決
2021/6	銀行業	環境NGO気候ネットワーク	気候変動対策のための定款変更	否決

これを見ると，2021年はES関連の株主提案の数自体が増加しているほか，国内初となるアクティビストによるES関連の株主提案も提出されている。これらの状況から考えると今後，国内でもES関連の株主提案の流れはさらに加速していくものと思われる。

(4)　米国のES関連の株主提案の状況

次に，米国のES関連の株主提案の状況を確認しておきたい。まずは，米国のES関連の株主提案件数である。図表1－4は，米国のES関連の株主提案件

図表1－4　米国のES関連の株主提案件数の推移

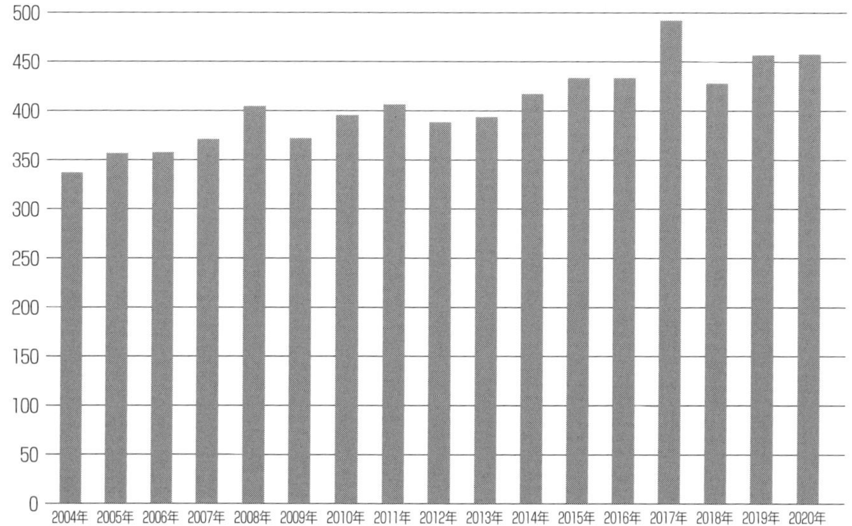

（出典：As You Sow「Proxy Preview 2004～2020」より筆者作成）

数の推移を表している。

これを見ると，株主提案件数は2004年より増加傾向にあり現在も高い水準で推移している。2020年に株主提案があったのは459社，前年より２件の増加となっている。

2020年のES関連の株主提案としては，金融大手のJPモルガン・チェースの事例がある。JPモルガン・チェースでは，株主総会でNPOのAs You Sowが提出していた国際的な気候変動対策に沿った行動計画の公表を求めた株主提案が否決された。

株主提案をめぐっては，米国最大の公的年金のカリフォルニア州職員退職年金基金（CalPERS）に加え，カリフォルニア州教職員退職年金基金（CalSTRS）などが賛同したとみられ，49.6％の賛成票を獲得した。会社側は他の株主に反対を呼びかけていたにもかかわらず，NPOの提案に半分近い賛成が集まる結果となっている。

さらに，2021年のES関連の株主提案では，石油・ガス大手のエクソン・モービルの事例が記憶に新しい。エクソン・モービルでは，エンジン・ナンバーワンが気候変動対応の強化を求めて提案した取締役候補者４名のうち３名の選任が承認された。株主提案をめぐっては，ブラックロックなどの大手運用機関のほか，ニューヨーク州やカリフォルニア州の年金基金なども賛同を表明している。

2 PRI署名機関とESG投資の動向

(1) 責任投資原則（PRI）の概況

これまで，株主提案の足元の動向を見てきたが，ES関連の株主提案は現在も高い水準で推移している。では，そのES関連の株主提案を推し進めるアセット・オーナーや運用機関の動向はどのようになっているのだろうか。図表1－5はPRIの署名機関数と運用資産総額の推移である。

図表1－5 PRIの署名機関数と運用資産総額の推移

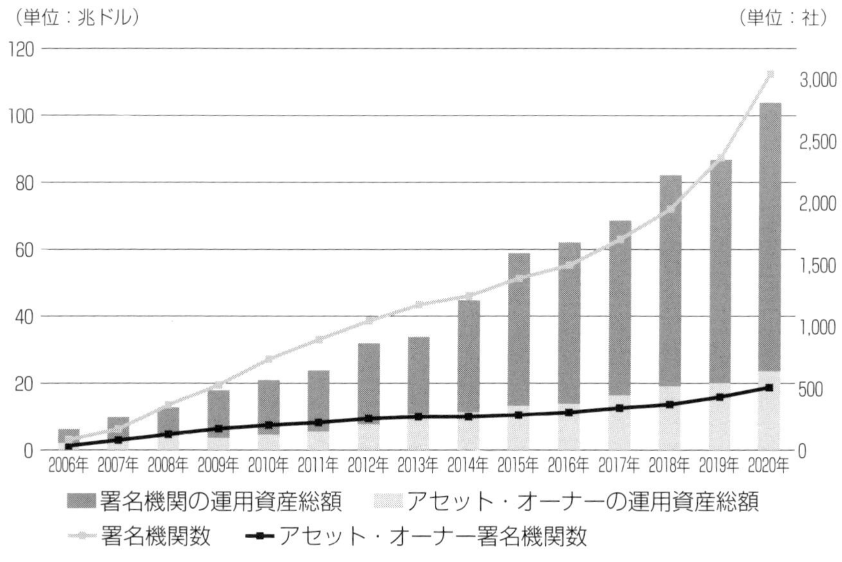

（出典：PRI「About the PRI」より筆者作成）

PRIとは，“Principles for Responsible Investment”の略で，2006年の発足当時に国連事務総長であったコフィー・アナン氏が金融業界に対して提唱したイニシアチブである。機関投資家の意思決定プロセスにESG課題を受託者責任の範囲内で反映させることを目的としている。図表1－5は，そのPRIに賛同し署名している署名機関数とアセット・オーナー署名機関数，署名機関の運用資産総額とアセット・オーナーの運用資産総額を表している。

これを見ると，それぞれの署名機関数も運用資産総額も2006年のPRI発足以来，右肩上がりで増加している。2020年には，署名機関数は3,038社，アセット・オーナー署名機関数は521社，署名機関の運用資産総額は約103.4兆ドル，アセット・オーナーの運用資産総額は約23.5兆ドルとなっている。2015年に運用資産総額が一段上がっているが，2015年といえばパリ協定の採択の年である。

(2) 世界の年金基金トップ20の状況

さらに，アセット・オーナーを詳しく見てみると，図表１－６の世界の年金基金トップ20のうち，網掛けをしたところがPRIに署名している年金基金である。これを見ると，約７割の年金基金がPRIに署名していることになる。

図表１－６　世界の年金基金トップ20に見るPRIの署名状況

No.	基金名	国名
1	年金積立金管理運用独立行政法人（GPIF）	日本
2	政府年金基金	ノルウェー
3	国民年金基金	韓国
4	連邦公務員向け確定拠出年金基金	米国
5	公務員年金基金（ABP）	オランダ
6	カリフォルニア州職員退職年金基金（CalPERS）	米国
7	全国社会保障基金	中国
8	中央積立年金	シンガポール
9	カナダ年金基金	カナダ
10	厚生福祉年金基金（PFZW）	オランダ
11	カリフォルニア州教職員退職年金基金（CalSTRS）	米国
12	従業員積立年金（EPF）	マレーシア
13	地方公務員共済組合連合会	日本
14	ニューヨーク州退職年金基金	米国
15	ニューヨーク市退職年金基金	米国
16	フロリダ州運用管理理事会	米国
17	従業員積立年金（EPF）	インド
18	オンタリオ州教職員年金基金	カナダ
19	テキサス州教職員年金基金	米国
20	ATP	デンマーク

６位に入っているCalPERSは，先述の事例にあったES関連の株主提案で賛

成票を投じた年金基金であり，彼らによるスチュワードシップ行動だったことが見て取れる。

ちなみに，2021年1月12日現在で，世界での署名数は約3,600社あるのに対し，日本のPRIへの署名状況はアセット・オーナー23社，運用機関53社，サービスプロバイダー11社の計87社となっている。

(3) ESG投資額の推移

では，ESG投資額の推移はどのようになっているのだろうか。世界のESG投資を集計している報告書として，GSIAの「2020 Global Sustainable Investment Review」がある。そこには，国・地域別のESG投資残高と，運用資産全体に占めるESG投資の割合が掲載されている。

図表1－7 国・地域別のESG投資残高（単位：10億ドル）

国・地域	2016年	2018年	2020年
欧州	12,040	14,075	12,017
米国	8,723	11,995	17,081
カナダ	1,086	1,699	2,423
豪州・ニュージーランド	516	734	906
日本	474	2,180	2,874
合計	22,839	30,683	35,301

（出典：GSIA「2020 Global Sustainable Investment Review」より筆者作成）

図表1－8 国・地域別の運用資産全体に占めるESG投資の割合

国・地域	2016年	2018年	2020年
欧州	52.6%	48.8%	41.6%
米国	21.6%	25.7%	33.2%
カナダ	37.8%	50.6%	61.8%
豪州・ニュージーランド	50.6%	63.2%	37.9%
日本	3.4%	18.3%	24.3%

（出典：GSIA「2020 Global Sustainable Investment Review」より筆者作成）

図表1－7で国・地域別のESG投資残高を見ると，2020年時点で，欧州12,017十億ドル，米国17,081十億ドル，カナダ2,423十億ドル，豪州・ニュージーランド906十億ドル，日本2,874十億ドルとなっている。また，図表1－8

の国・地域別の運用資産全体に占めるESG投資の割合を見ると，2020年には，欧州41.6%，米国33.2%，カナダ61.8%，豪州・ニュージーランド37.9%，日本24.3%となっている。欧州と豪州・ニュージーランドの投資残高および投資割合の減少の主な要因は，サステナブル投資の定義の変更によるものである。日本は，2018年の18.3%から24.3%に上昇したものの，依然として他の地域と比べ低い水準となっている。

これらの状況から考えると，日本のESG投資残高や運用資産全体に占めるESG投資の割合は今後，全体の成長スピードよりも速いペースで拡大していくものと思われる。

(4)　なぜ，ESG圧力は拡大しているのか

ここまで，ES関連の株主提案の動向，PRIの署名機関やESG投資額の推移について見てきた。そこでは，ES関連の株主提案は増加しており，その背景にはそれを推し進めるアセット・オーナーや運用機関のスチュワードシップ行動があった。彼らのスチュワードシップ行動の目的とは，PRIの「機関投資家の意思決定プロセスにESG課題を受託者責任の範囲内で反映させること」，つまり，ES関連の株主提案の目的とは「意思決定プロセスにESGを反映させる」ことであった。そして，それらの圧力は現在も拡大しており，今後もES関連の株主提案は益々増加するものと予想されるというものであった。

では，「意思決定プロセスにESGを反映させる」とどうなるのだろうか。なぜ，PRIは意思決定プロセスにESGを反映させようとしているのだろうか。また，なぜ，たくさんの資金がESG投資に集まってきているのだろうか。以下では，その背景や意図について詳しく見ていく。

3　CO_2ゼロ・格差ゼロ時代

(1)　パリ協定の採択

まずは，ある象徴的な出来事から話を始めることにする。

2015年12月12日，パリで開催された第21回気候変動枠組条約締約国会議（COP21）において，気候変動抑制に関する多国間の国際的な協定（パリ協定）が採択された。パリ協定の主な内容は「気温上昇を産業革命以前より２℃までに，できれば1.5℃までに抑える（２℃目標）」というもので，「21世紀後半に温室効果ガス（以下，CO_2とする）排出を実質ゼロにする」としている。この決定により，時代は大きく動き出すことになった。

では，この「気温上昇を産業革命以前より２℃までに，できれば1.5℃までに抑える」，「21世紀後半にCO_2排出を実質ゼロにする」とはどういうことなのか。また，なぜ，この決定により時代が大きく動くことになったのか。ここでは，それらについて確認していく。

(2)　IPCCが「第5次評価報告書」を公表

実は，パリ協定採択の前年の2014年，IPCCにより「第５次評価報告書」が発表されている。

IPCCとは，“Intergovernmental Panel on Climate Change”の略で，気候変動に関する政府間パネルともいわれている。IPCCは，1988年に世界気象機関（WMO）と国連環境計画（UNEP）により設立された国連の組織である。そこでは，世界中の気候変動の専門家や研究者が参加し，気候変動に関する科学・技術・社会経済的な評価を行い，得られた知見を政策決定者や広く一般に利用してもらうことをミッションとしており，この分野では最も信頼される報告書となっている。報告書は約６年ごとに公表され，2014年の第５次評価報告書はその５回目の評価報告書となる。

(3)　第5次評価報告書とパリ協定の2℃目標

第５次評価報告書では，人為的な要因が温暖化の最も有力な要因であった可能性が極めて高いとし，気候変動の変化や要因，将来のリスクおよび影響，対応により削減されるリスクの評価などが報告されている。

まず，気候温暖化の現在の状況としては，世界平均地上気温が産業革命以前（1880年）から2012年までの間に0.85℃上昇していることや，北極域および南極域の海氷面積が1979年から2012年までの間に10年当たり9.4～13.6％の割合で減少していること，さらに世界平均海面水位が1901年から2010年までの間に0.19m上昇していることなどが指摘されている。

さらに，将来についても予測している。将来予測では，厳しい温暖化対策を取った場合から，まったく温暖化対策を取らなかった場合までの４段階のシナリオで予測している。

例えば，世界平均気温は，まったく温暖化対策を取らなかったシナリオでは，今世紀初頭（1986年～2005年平均）に比べ，今世紀末（2081年～2100年平均）には2.6℃～4.8℃上昇となる可能性が高いとされている。

一方，厳しい温暖化対策を取ったシナリオでは0.3℃～1.7℃上昇となる可能性が高いとされている。また，世界平均海面水位上昇の変化は，まったく温暖化対策を取らなかったシナリオでは0.45m～0.82mの上昇となる可能性が高いとされている。一方，厳しい温暖化対策を取ったシナリオでは0.26m～0.55m上昇となる可能性が高いとされている。

さらに，この気候温暖化はCO_2累積排出量と比例関係にあり，今後の気候変動はCO_2排出量により決定付けられると指摘されている。そして，それがパリ協定の２℃目標となっているのである。そのパリ協定の２℃目標をCO_2累積排出量で表すと，気温上昇を２℃までに抑えるためにはCO_2累積排出量を，産業革命以前を基準として約2,900GtCO_2以内に抑えなければならないことになる。

しかし，産業革命以前から2011年までに，すでに約1,900GtCO_2を排出してしまっている。そのため，我々がこれから排出できるのは，残りの約1,000GtCO_2となる。仮に，2010年の年排出量である約49GtCO_2で今後も推移したと仮定すると，20年で到達する計算になる。しかも，それは2011年から20年ということは，2030年には限界に達するということになるのである。この数字の危機感が，時代を大きく変えることになったパリ協定の「21世紀後半にCO_2排出を実質ゼロにする」の背景である。

⑷　1.5℃特別報告書と最終目標の1.5℃目標

さらに，COP21で合意されたパリ協定の２℃目標では，同時に各国が目標を定めて国連に提出することも義務付けられていた。しかし，各国から提出された目標では，気温上昇は３℃までしか抑えられないということが判明，それに危機感を持ったCOP21は，IPCCに特別報告書の公表を求めた。そして，それを受けて2018年に公表されたのが，IPCCの1.5℃特別報告書である。

そこでは，現在の気温は，すでに産業革命以前より１℃上昇していること，そして，それが1.5℃上昇した場合，現在よりもかなりの悪影響が生じることが予想されるということ，さらに1.5℃と２℃上昇の場合では相当程度の違いがあり，1.5℃のほうがまだ安全であることが科学的に明らかとなったのである。

現在は，この報告書をもとに温暖化の影響に脆弱な国々や欧州などが中心となって，気温上昇を1.5℃までに抑えようとする動きが活発化し，最終目標は“２℃”から“1.5℃”へと引き上げられていったのである。

では，その1.5℃目標を実現するために，あるいは「21世紀後半にCO_2排出を実質ゼロにする」ために現在，どのような取り組みがなされているのだろうか。次は，その取り組み状況を確認していきたい。

(5)　PRIの気候変動政策の転換シナリオ

1.5℃目標，あるいは「21世紀後半にCO_2排出を実質ゼロにする」ための取り組みについては，PRIの「The Inevitable Policy Response：避けられない政策対応（IPR）」を参照したい。IPCCの1.5℃目標が気温上昇を抑えるための理想的なシナリオだったのに対し，IPRのシナリオは国や企業がどのように取り組もうとしているかがわかるシナリオになっている。

IPRでは，2025年は世界で気候変動政策が強化される転機になるが，現在の金融市場ではそれが織り込まれていないと指摘している。2025年とは，パリ協定が締約国に対策強化を求める５年ごとのタイミングである。そこでは，その時点での各国の1.5℃目標への取り組みの進捗が評価され，新たな削減目標の提出が義務付けられる。これにより，世界で気候変動政策の転換が図られ，金融市場はそれを織り込むべきだとしているのである。では，そのIPRの気候変動政策の転換シナリオで，国や企業がどのような取り組みを行っていくのかについて見ていくことにする。

(6)　世界のCO_2排出量

まずは，世界のCO_2排出量の全体像から確認していく。

IPRの気候変動政策の転換シナリオによると，CO_2総排出量は，2025年をピークに2050年まで急速に減少し，その後徐々にその傾斜は緩やかになっている。しかし，今世紀末の2100年になってもゼロには至っていない。

さらに細かく見ていくと，大きく変化している項目にはエネルギー関連のCO_2排出量と土地利用によるCO_2排出量がある。エネルギー関連のCO_2排出量は，2025年から2050年にかけて急速に減少している。一方，土地利用からのCO_2排出量は，食生活の改善や森林再生などにより2040年を境にマイナスに転じている。マイナスとは，CO_2を吸収することによりCO_2排出がゼロを下回るということである。このマイナスの主な貢献は，農業生産性への投資と森林再生である。

しかし，このシナリオでは，残念ながら2℃目標のシナリオには向かって進むものの，1.5℃目標のシナリオには至っていない。したがって，2025年には，各国はより一層のCO_2削減目標が求められることになると思われる。

(7)　エネルギー関連の取り組み

さらに，エネルギー関連について細かく見ていく。

まず，エネルギー関連といえば発電構成である。発電構成では，2020年にはCoalとOilの化石燃料エネルギーが約60％強を占めていたのに対し，2050年には化石燃料エネルギーはほとんどなくなっている。一方，SolarとWindの再生可能エネルギーは2020年には約10％程度だったものが，2050年には約70％まで増加している。つまり，ここでは，再生可能エネルギーが急速に成長し，化石燃料に取って代わるシナリオとなっている。

次に，化石需要については，2025年にピークに達した後，輸送の分野が代替燃料を使用するにつれて急速に減少する。輸送の分野では，内燃機関車は2025年をピークに減少の一途を辿り，反対にEVなどの超低排出ガス車は増加を続け2050年にはほとんどを占めるまでになっている。これは，内燃機関の効率改善と電気自動車の早期普及によるものである。しかし，その他の航空，海運，石油化学製品の原料などの分野では大きな変化はない。これは，今世紀末まで継続するということを意味している。

(8)　土地利用による取り組み

次は，2040年以降からCO_2排出量がマイナスになっている土地利用による取り組みである。

まず，土地利用の分野では農業の技術的緩和と反芻動物（特に牛肉）の肉食からのシフトといった食生活の変化，森林再生などにより，CO_2排出量の伸びが低下し，マイナスになると予想している。

一方，メタンや亜酸化窒素などの温室効果ガスは，家畜と肥料の使用により世紀末まで土地利用からのCO_2排出量の主要部分として存続する。

(9) その他の取り組み

しかし，ここまでの取り組みでは残念ながら1.5℃目標のシナリオには至っていない。

そこで，今後に期待されている新しい分野としてバイオがある。Coal，Oil，Gasなどは，エネルギーや輸送以外にもいくつかの用途があるためなくならない。そのため，CCS（二酸化炭素の回収・貯留技術）やBECCS（炭素の回収と貯留を伴うバイオエネルギー）といったバイオの今後の技術開発に期待しているのである。

また，「今後に期待」という意味では，サーキュラーエコノミーがある。サーキュラーエコノミーとは，エレン・マッカーサー財団（2010年９月設立）によって推進されている考え方で，サーキュラー（循環）型経済システムへの転換である。こちらは，2015年12月の欧州連合（EU）「サーキュラーエコノミーパッケージ」として，経済成長政策の中心に据えられている。

さらに，金融市場では，機関投資家の世界的なイニシアチブであるClimate Action 100+が有名である。2018年10月にはGPIFも参加している。ここでは，2021年１月現在で機関投資家545社が参加し保有資産は約52兆ドルになる。彼らは，CO_2排出量の多い大手企業約160社（世界の産業界のCO_2排出量合計の約80％以上を占めている）に対して，1.5℃目標のコミットメントとその戦略などを求めている。

では，ビジネス面ではどうか。すでに，先進のグローバル企業などでは，先を競うようにCO_2ゼロ・格差ゼロの野心的な高い目標を掲げており，中には，CO_2マイナスという目標を掲げる企業も現れている。さらには，BtoB企業などでは，この取り組みを行っていなければ取引ができないという事例まで出てきているほどである。

⑽　もう１つの重要な決定――SDGs

ここまではESG課題のうち，「E」の気候変動の課題にフォーカスして確認してきた。しかし，実際はこの気候変動以外にも，たくさんの課題がある。例えば「E」の分野では，資源循環・汚染防止・生物多様性などの課題がある。また，「S」の分野では，人権・労務関連・サプライチェーン・コンプライアンスなどの課題もある。

こうしたさまざまな社会課題を解決するために，2015年にはもう１つの重要な決定が行われている。それが，Sustainable Development Goals（SDGs）であり，2030年までの持続可能な開発目標として国連総会で採択された。SDGsの冒頭には「極端な貧困を含む，あらゆる形態と側面の貧困を撲滅することが最大の地球規模の課題である」と明記されている。こちらの目的は，「貧困の撲滅（格差ゼロ）」である。パリ協定と合わせると，2015年には「CO_2ゼロ・格差ゼロ」が決定されたことになる。

例えば，人権などでは，国内には外国人技能実習生の問題がある。海外からは現代奴隷の問題として指摘されている。「奴隷？　教科書に出てくる昔の話では」と思っている人が多いかもしれない。しかし，これは我々の身の回りに存在する身近な問題なのである。彼らは，日本で技能を習得し母国に持ち帰るという目的でやってくる。しかし，実際は技能実習どころか，低賃金の労働力として，長時間労働を強いられているケースが少なくない。現在，我々の社会は，こうした外国人労働者によって支えられている。知らないふりは決して許されないのである。

また，彼らの母国である東南アジアといえば，これからの経済発展が見込まれる地域である。日本としては，その経済発展を自国の発展につなげたいところではないだろうか。その東南アジアなどの国々は，実は気候変動の取り組みに非常に積極的であることをご存知だろうか。それは，彼らの国々の社会インフラが先進国に比べ非常に脆弱なため，災害などが発生した場合の被害が重篤になってしまうからである。

こうした東南アジアの国々の人の目に，外国人技能実習生の問題や気候変動に消極的な日本は，どのように映っているのだろうか。

⑾ まとめ

では，最後に益々強まる企業へのESG圧力について整理しておきたい。

2015年，パリ協定ではCO_2ゼロが，SDGsでは格差ゼロが採択され，時代はCO_2ゼロ・格差ゼロに向け大きく舵を切ることになった。

その背景には，IPCCの第5次評価報告書があり，現在の気温が産業革命以前より1℃上昇していること，さらにはこのまま何も対策を講じなければ今世紀末にはさらに4℃上昇すると警鐘を鳴らしていた。

パリ協定は，その気温上昇を最小限に抑えるべく採択され，PRIやESG投資はそれを後押ししていた。これが現在，ESG圧力が拡大している背景なのである。そして，さらにPRIのIPRでは，その道のりが険しいことを報告するとともに，2025年にこの流れを加速させようとしていた。

また，この流れについては，ビジネスの分野においても新しい動きが始まっている。このCO_2ゼロ・格差ゼロの目標が，企業の競争優位を決定付ける新しいイシューとなっているのである。もはや，ESG時代の競争優位は，いかにCO_2ゼロ・格差ゼロに寄与したかにより決定付けられることとなってきており，この足を引っ張るものは市場から退場させられるというところまできているのである。

では，こうしたESG時代に生き残るためには，あるいは競争優位を構築するためには，どうすればよいのだろうか。本書は，それをステークホルダーとの対話の視点から考えてみたい。次章では，まず，対話の共通言語・文脈として，情報開示の分野がどうなっているのか，その前提となる情報開示ガイドラインの動向と，その留意点について確認していきたい。

第2章

情報開示ガイドラインの動向

1 情報開示ガイドラインの概況

(1) 情報開示ガイドラインは共通言語・文脈

本章では，ステークホルダーとの対話の前提となる情報開示ガイドラインについて確認していく。

情報開示ガイドラインとは，対話の共通言語・文脈のようなものである。企業とステークホルダーとの対話は，この共通言語・文脈が整備されていることで成り立っている。そのため，ここの共通言語や文脈を理解していなければ，有意義な対話を行うことはできない。

(2) 主な情報開示ガイドラインの流れ

ここでは，これまでの主な情報開示ガイドラインの流れと，それぞれのガイドラインの概要について確認しておきたい。

図表2－1 主なガイドラインの流れ

	財務系	非財務（インパクト）系
2000年		GRIガイドライン第１版
2010年	統合報告書	
2015年	CGコード	SDGs
2016年		GRIスタンダード
2017年	TCFD 価値共創ガイダンス	
2018年		SASBスタンダード
2019年	有価証券報告書の改正	
2021年	統合報告書の改訂 CGコードの改訂	GRIスタンダードの改訂 EU非財務情報開示指令

図表２－１は，数多くあるガイドラインの中から，代表的なものだけを挙げている。SDGsはガイドラインではないが踏まえておいたほうがよい項目として含めている。また，統合報告書，TCFDなどは，内容としては非財務（以下，インパクトとする）系の文脈であるが，最終的に財務系の文脈の報告になるという意味で財務系に入れている。

これを見ると2015年以降は毎年，何らかのガイドラインが出されていることがわかる。2015年といえば，パリ協定が採択された年である。この年を境に，ガイドラインの分野の動きも活発になっているということである。

それぞれのガイドラインは，考え方や求める情報が少しずつ微妙に異なっている。その結果，財務担当者はこれら複数の文脈を理解しなければ，対応ができなくなってきている。そして，そのほとんどはインパクト系の文脈の内容と密接に絡み合っている。その意味では，インパクト系の文脈も理解しなければ対応できない。しかも，ここに掲載しているガイドラインは代表的なものだけである。その他のガイドラインも含めると，２桁以上の文脈に対応しなければならない。さらには，2015年以降はこれが五月雨式に出されている。そのたびに，企業の担当者は他のガイドラインとの整合性を図りながら対応してきた。その苦労には，頭が下がる思いである。

さらに，2021年には，統合報告書，CGコード，GRIスタンダードが改訂され，EU非財務情報開示指令が発出されている。従来は，新しい着眼点が開発され求められる情報数が増えていったのに対し，今後はそれらの情報は整合性が図られ，標準化に向かうといわれている。

それでは，ここから１つひとつのガイドラインについて具体的に見ていく。

(3)　GRIスタンダード

GRIは，“Global Reporting Initiative”の略で，サステナビリティの情報開示の国際基準の策定を行う欧州のNGOであり，UNEP（国連環境計画）の公認団体である。

GRIスタンダードとは，そこで策定されたサステナビリティの情報開示のガイドラインのことで，任意開示となる。報告書にはCSR報告書，サステナビリティ報告書などがある。

GRIガイドラインは，2000年に第１版が発行され，2013年の第４版まで改訂を重ねてきた。2016年には，非財務情報の情報開示の標準化を目指してGRIスタンダードとして再編され，2021年には新たに改訂が加えられている。

現在では，GRIスタンダードはサステナビリティの情報開示として世界中の数多くの企業や組織に活用されており，事実上のデファクト・スタンダードとしてES関連の株主提案やESG評価機関などでも共通の文脈となっている。

(4) 統合報告書

統合報告の公表および改訂を進めているのはIIRC（国際統合報告評議会：International Integrated Reporting Councilの略）で，財務・非財務情報を統合した報告のフレームワークを開発している国際的な団体である。

統合報告とは，企業が中長期的にどのようにして企業価値を生み出そうとしているのかについて報告するためのフレームワークであり，その結果として作成されるものが統合報告書とされている。この価値創造の文脈は，財務系の文脈とインパクト系の文脈を合わせたような考え方である。こちらも任意開示である。

統合報告の背景には，2008年の金融危機がある。当時は，投資家や企業経営の短期志向が指摘されており，この短期志向を是正し金融の安定化，経済・社会の持続性を図ることを目的に考えられたのが国際統合報告フレームワーク（統合報告）である。

統合報告については当時，ビジネスモデルやマテリアリティ（重要課題）がよく議論されたと記憶している。特にマテリアリティでは，GRIスタンダードのインパクト系の文脈のマテリアリティと，統合報告の価値創造の文脈のマテリアリティがよく混同されていた。

(5) 価値共創ガイダンス

順番は前後するが，統合報告書に関連するガイドラインとして，価値共創ガイダンスがある。これは，2017年に経済産業省がまとめている。

価値共創ガイダンスでは，企業と投資家をつなぐ共通言語として，企業と投資家が情報開示や対話を通して互いの理解を深め，価値協創に向けた行動を促すことを目的としている。統合報告書との違いは，企業だけでなく投資家についても活用されることが促されている点である。ガイダンスでは，投資家はどういった内容に関心があり，企業はどういった内容を開示すればよいのかがわかるようになっている。イメージとしては，統合報告書の手引書のような位置付けといったところである。

国内企業は，これまで有価証券報告書のような細かなところまで指示されるハードローの法定開示に馴染んできたため，統合報告書のような自分で考えなければならないソフトローの任意開示は，どちらかというと苦手である。そこで，それをわかりやすくするために，経済産業省が手引書のガイダンスを作成したということではないだろうか。

(6) コーポレートガバナンス・コード（CGコード）

CGコードは，2015年に金融庁と東京証券取引所により策定された。

これは，コーポレートガバナンスの基本的な考え方を整理したガイドラインである。記載が求められる報告書は，適時開示のコーポレートガバナンス報告書（CG報告書），および有価証券報告書などである。

“Comply or Explain” という言葉は，CGコード施行時に，「ハードロー・ソフトロー」という言葉とともに認知が広がった。それまで，CG報告書はハードローの報告書だったが，CGコード施行とともにソフトローの “Comply or Explain” が求められるようになったのである。

コーポレートガバナンスも，共通言語・文脈という意味ではなかなか議論が噛み合わない分野である。コーポレートガバナンスはグローバルでは「監督」という文脈で語られるが，国内では「執行」と「監督」が混同しているケースが多いように思われる。

CGコードは，2021年に改訂が行われ，気候変動リスクを含むサステナビリティの開示が追加されている。

(7) SDGs

SDGsは “Sustainable Development Goals” の略で，2030年までの持続可能な開発目標として，2015年に国連総会で採択された。

SDGsはガイドラインではないが，今後のビジネスにおいて欠かすことのできない共通言語・文脈である。特に，報告書というものはないが，現在は企業価値をアピールする目的でさまざまなツールで使われている。

SDGsでは，17の目標や169のターゲットが定められており，カラフルな丸いマークはとても有名である。そのSDGsであるが，実は冒頭に「極端な貧困を含む，あらゆる形態と側面の貧困を撲滅することが最大の地球規模の課題である」と明記されているのをご存知だろうか。

SDGsの目的は “貧困の撲滅（格差ゼロ）” であって，企業のアピールではない。それがSDGsの文脈である。これを間違えると “SDGsウォッシュ” になってしまう恐れがある。“SDGsウォッシュ” とは，SDGsの本質やねらいを理解せず，上辺だけ取り組んでいるように見せかける行為のことであり，絶対にやってはならない。この分野は，相手側によっては，とてもデリケートな問題であったりする。その意味では，この分野の文脈をしっかりと理解し，想像力を働かせながら使わなければならない。

(8) TCFD

TCFDとは，“Task Force on Climate-related Financial Disclosures”の略で，G20の要請によりFRB（金融安定理事会）によって設立された気候関連財務情報開示タスクフォースである。

TCFDでは，2017年に最終報告書を公表し，企業等に対して気候関連のリスクと機会が財務に及ぼす影響について開示することを求めている。報告書は特に指定はないが，財務に及ぼす影響についての開示という意味では，統合報告書，もしくは有価証券報告書への掲載が考えられる。

TCFDへの取り組みは，まだ始まったばかりであるが，すでに世界では1,669社，国内では332社（2020年12月24日TCFDコンソーシアム）が賛同を示している。

TCFDの共通言語・文脈は，今まで情報開示が難しいとされてきた気候関連が財務に及ぼす影響について，定量的な情報開示を求めるというものである。筆者は2011年よりこの分野に携わってきたが，当初は気候関連が財務に及ぼす定量情報の開示など，とても無理ではないかと考えていた。それが，2017年にはガイドライン化されてしまったのである。現在の進化のスピードはとても速い。また，この分野の試行錯誤は，すぐにキャッチアップできるものではない。まだ，取り組みを始めていない企業の方には，１日でも早く取り組むことをお勧めする。

(9) SASBスタンダード

SASB（サステナビリティ会計基準審議会：Sustainability Accounting Standards Boardの略）は，サステナビリティの情報開示ガイドラインの策定を行う米国のNGOである。

先述のGRIスタンダードもサステナビリティの情報開示ガイドラインであるが，SASBスタンダードは，そこで策定されたもう１つのサステナビリティの情報開示ガイドラインであり，2018年に公表されている。

では，GRIスタンダードとSASBスタンダードとは，何が違うのだろうか。

一言でいえば，比較性である。GRIスタンダードは，ステークホルダーとの対話の中でマテリアリティを特定し，その項目に対しての取り組みを報告する。それに対し，SASBスタンダードではあらかじめマテリアリティが業界ごとに特定されており，その決められた項目に対し報告する。

GRIスタンダードが環境・社会面へのインパクトを重視しているのに対し，SASBスタンダードでは財務面へのインパクトを重視している。GRIスタンダードがステークホルダー思考とするならば，SASBスタンダードはマーケット思考といったところである。GRIスタンダードはステークホルダーとの対話の中でマテリアリティを特定するということは，SASBスタンダードの資本市場もその中に含まれるということになる。その意味では，SASBスタンダードは"must項目"，GRIスタンダードは"more項目"といえると考えられる。

2021年には，SASBと先述のIIRCは合併し，バリュー・レポーティング財団（the Value Reporting Foundation）を設立している。

⑽　有価証券報告書

有価証券報告書は，金融商品取引法により金融庁への提出が義務付けられている。

有価証券報告書は，財務の年次報告書で法定開示であり，ハードローの代表的な報告書だったが，2019年の改正により，より柔軟な記載が推奨されるようになってきている。

現在，海外では欧州を中心に財務報告書における非財務情報の開示化が進んでいる。非財務情報とは，簡単にいうとESG情報のことである。2019年の有価証券報告書の改正は，その非財務情報の開示の流れに沿ったものとなっている。この改正では，主に経営方針，経営環境および対処すべき課題等，事業等のリスク，MD&A，政策保有株式，コーポレートガバナンスの役員報酬などの内容が見直された。

これは，ある意味で有価証券報告書の統合報告書化ではないかと考えている。海外では，南アフリカなどのように統合報告書を法定開示の財務報告書としている国もあるため違和感はない。しかし，国内では法定開示である有価証券報告書以外にも，統合報告書やアニュアル・レポートなどを発行している企業が多い。その意味では今後，それぞれの報告書の目的や用途などの最適化が必要になってくるのではないかと思われる。

2 情報開示ガイドラインの新しい動き

(1) 2020年に公表された3つの新しい動き

2020年，情報開示のガイドラインの分野では，いくつかの新しい動きがあった。6月に公表されたEU非財務情報開示指令，9月に公表された複数のイニシアチブによる共同提案，そしてIFRSのコンサルテーション・ペーパーである。これらの公表では，これまでさまざまな視点や切り口から開発され，発展してきたガイドラインの整合性を図り，標準化する方向性が示されている。それぞれの公表について要点を確認していく。

(2) EU非財務情報開示指令

まず，はじめはEU非財務情報開示指令（Guidelines on reporting climate-related information）である。この特徴としては，ダブル・マテリアリティという新しい概念が登場したことが挙げられる。

この概念は，財務関連のマテリアリティとES関連のマテリアリティの2つに，全体を大きく分類する考え方である。財務関連のマテリアリティとは気候変動が企業に与える影響，ES関連のマテリアリティとは企業が気候変動に与える影響のことである。つまり，EU非財務情報開示指令の概念では，この気候変動が企業に与える影響なのか，企業が気候変動に与える影響なのかによって，情報開示ガイドラインの整合性を図ろうとしているのである。

ちなみに，この概念にガイドラインを当てはめると，気候変動が企業に与える影響はTCFDやSASBスタンダードなどがこの考え方に該当する。一方の，企業が気候変動に与える影響は，GRIスタンダードやSDGsなどがこの考え方に該当すると考えられる。

(3) 複数のイニシアチブによる共同提案

次は，CDP・CDSB・GRIスタンダード・IIRC・SASBスタンダードなどの複数のイニシアチブによるStatement of Intent to Work Together Towards Comprehensive Corporate Reporting（共同提案）である。これらの特徴として，ダイナミック・マテリアリティという新しい概念が登場したことが挙げられる。

この概念は，3つの四角を重ねた概念図を用いて全体を3つに分類する考え方となっている。一番小さな四角は，財務会計を報告する領域，つまり財務報告がここにあたる。一方，外側の一番大きな四角はサステナビリティを報告する領域となっている。では，中間にある四角は何の領域になるのだろうか。ここは，企業の価値創造にとって重要なサステナビリティトピックを報告する領域となっている。

こちらの共同提案の概念は，それぞれのイニシアチブの求める情報の違いで，情報開示ガイドラインの整合性を図ろうとする考え方である。この概念と情報開示ガイドラインの関係を見ると，一番小さな四角は財務報告，中間の四角はIIRC，中間の四角から内側の一番小さな四角を除いた部分がSASBスタンダード，中間の四角から外側の一番大きな四角の部分がGRIスタンダードなどに該当すると考えられる。

⑷　IFRSのコンサルテーション・ペーパー

最後は，IFRSのConsultation Paper on Sustainability Reporting（コンサルテーション・ペーパー）である。IFRSとは，国際会計基準で有名なIFRS財団のことである。ここでは，まだ新しい概念のようなものは公表されていない。しかし，各国の財務報告に強い影響力を持つIFRS財団が，今度はESG情報の開示基準を検討しているというのである。情報開示の分野の動向として，ここは引き続き注視が必要である。マテリアリティという意味では，ここはシングル・マテリアリティというスタンスを取っている。

⑸　標準化へ舵を切る情報開示ガイドライン

こうした新しい情報開示ガイドラインの標準化の流れは，まだ始まったばかりである。これらが共通言語・文脈として1つにまとまるには，まだまだ時間が必要になるのではないかと思われる。ただし，今後，整合化・標準化という流れに向かうということについては，間違いなさそうである。

現在，マテリアリティの議論では，ダブル・マテリアリティ，ダイナミック・マテリアリティ，シングル・マテリアリティなど，さまざまなマテリアリティが登場している。しかし，最終的にどのようなカタチで標準化がなされるにせよ，財務系の文脈とインパクト系の文脈の2つの議論がなくなることは考えにくいと思われる。

⑹ まとめ

情報開示ガイドラインは，財務系の文脈とインパクト系の文脈という大きな2つの文脈に分かれていた。それらは2015年以降，毎年のように何らかの新設もしくは改訂が行われており，今後は整合化・標準化の流れへと向かっていく。この流動的な状態は，まだしばらく続くものと思われる。

では，情報開示ガイドラインが標準化されるまで待っていればよいと思われるかもしれないが，そういうわけにはいかない。その整合化・標準化の過程での知見は，そう簡単に蓄積できるものではなく，変化はするものの なくなってしまうわけでもない。その意味では，今の段階から対応しておかなければ間に合わない。

また，前章で見てきたとおり，ESG時代のイシューは「いかに“CO_2ゼロ・格差ゼロ”に寄与したか」である。そのことをビジネスとして考えると，情報開示ガイドラインの分野が標準化されるまで待っていると，その間に対応を進める競合相手に先行者利益をすべて奪われてしまう恐れがある。その意味では，むしろ競合相手よりも先に情報収集し，積極的に対応する必要があると思われる。

さらに，ESG時代のイシューである「いかに“CO_2ゼロ・格差ゼロ”に寄与したか」の説明はインパクト系の文脈であり，従来の財務系の文脈では説明はできない。つまり，ESG時代の競争優位を構築するためには，財務系の文脈とインパクト系の文脈の2つをうまく組み合わせた説明が必要になってくる。

これらのことを整理すると，ESG時代の競争優位を構築するためには，競合相手よりも積極的に情報開示ガイドラインへの対応を進め，ステークホルダーとの効率的かつ効果的な対話を行わなければならない。そうでなければ，ESG時代の競争優位を構築するどころか，生き残ることすらできなくなってしまう。

生き残りという意味では，2021年にEUで金融機関に対しサステナビリティ関連の開示規制（SFDR）が施行されている。

これは，金融機関向けの規制であるが，金融機関がそれに対応するためには，企業側の情報開示が前提となる。つまり，インパクト系の文脈の情報開示を行っていない企業には投資ができないということである。

そのため，インパクト系の文脈の情報開示を行っていない企業にとっては，とても大きな問題となってくることが予想される。

図表２－２　ESG時代に競争優位を構築するための２つの文脈

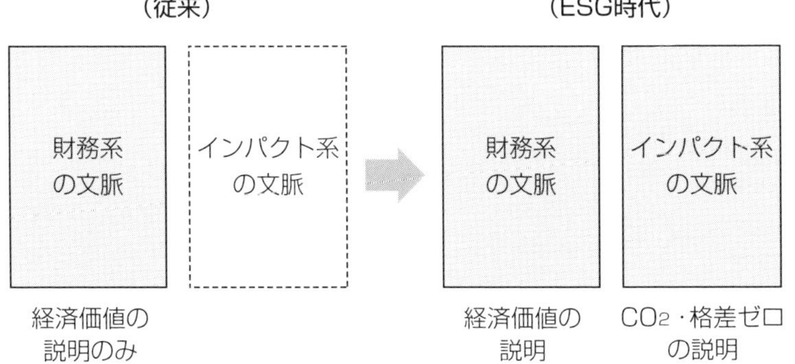

では，ESG時代に競争優位を構築するためには，この財務系の文脈とインパクト系の文脈の２つを，どのように組み合わせてステークホルダーと対話をしていけばよいのだろうか。また，そもそもこの財務系の文脈とインパクト系の文脈の２つは，企業価値とどのような関係になっているのであろうか。

次章では，この財務系の文脈とインパクト系の文脈の２つと企業価値の関係を明らかにするとともに，情報開示の前段階であるESG時代のマネジメントについて整理していきたい。

第3章

ESG戦略を管理する“マネジメントツール”

1 ESG企業価値評価のメソッド
2 GRIスタンダード（SASBスタンダード）の構造
3 有価証券報告書の構造
4 統合報告書の構造
5 TCFDの構造
6 CGコードの構造
7 各情報開示ガイドラインをマネジメントツールに組み込む

1 ESG企業価値評価のメソッド

(1) 情報開示の前段階であるマネジメントの整備

本章では，情報開示の前段階であるマネジメントを整理する。

はじめは“そもそもESGと企業価値との関係はどのようになっているのか”について，前著『自社に合ったESG戦略の考え方・進め方』を簡単におさらいする。そして，それをもとに「ESG時代に競争優位を構築するためのESG戦略とはどういうものなのか」について考えていく。さらに，そのESG戦略と前章で整理してきた情報開示ガイドラインの財務系とインパクト系の２つの文脈との関係についても整理する。

次に，そのESG戦略を管理する“マネジメントツール”について整理する。マネジメントツールとは，戦略をマネジメントするための道具のことである。

本章では，先述のESG戦略をベースに，主要な情報開示ガイドラインから抽出したESG戦略に必要なディテールを組み込み，１枚のワークシートとしてまとめていく。これにより，ESG戦略の構造が見える化され，ESG戦略のマネジメントが可能となる。そのマネジメントツールの図解が，本書の冒頭で紹介したESG戦略を管理する“マネジメントツール”である。このマネジメントツールについても，前章で整理してきた情報開示ガイドラインの財務系とインパクト系の２つの文脈との関係について整理する。

読者の方は，このマネジメントツールを使って自社のコンテンツを整理することにより，自社の「意思決定にESGを反映させる」ことが可能となるのである。

(2) 基本となるESG戦略のおさらい

まずは，ESGという言葉の確認からである。ESGとは，Environment（環境），Social（社会），Governance（ガバナンス）の略で，資本市場から生まれた言葉である。企業評価の指標として，従来の財務情報のほかに，環境・社会・ガバナンスなどの非財務情報を加えて評価しようという動きの中で使われるようになった言葉である。意味としては，その非財務情報の新しい評価指標，あるいは企業評価の新しいモノサシといったところであろうか。

では，ESGが企業評価の新しいモノサシであるならば，そのESGと企業価値との関係はどのようになっているのだろうか。図表3－1は，ESGと企業価値の関係を表したものである。

図表3－1　ESGと企業価値

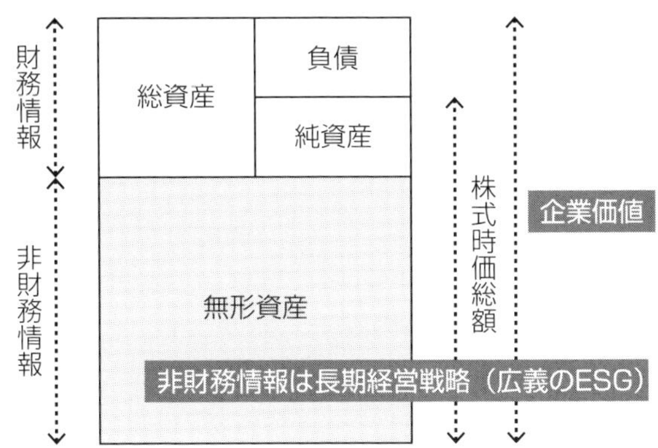

この図表では，図形の全体の高さが企業価値を表している。上部の総資産・負債・純資産は，いわゆる貸借対照表である。この部分は，一般的に財務情報といわれている。

一方，下部は，財務情報には表れてこない無形資産であり，非財務情報ともいわれている。その財務情報と非財務情報の構成比は約3：7といわれており，企業価値では非財務情報のほうが大きい割合を占める格好になっている。その企業価値の大きな割合を占める非財務情報を評価する新しいモノサシとして現在，ESGが注目されているのである。

また，この非財務情報は企業の将来価値によって変化する。右側の株式時価総額を見てもらいたい。株式時価総額は，株価×発行済株式数である。それに，負債を加えたものが企業価値となる。株価には企業が将来に生み出す価値が織り込まれており，企業の将来価値（長期経営戦略）をどう見るかによって変化する。

つまり“長期経営戦略＝非財務情報＝ESG”なのである。そのため，財務情報は現在価値といわれ，非財務情報は将来価値などとも呼ばれている。これらのことから，企業が株価，あるいは企業価値を高めたければ，このESGの戦略に取り組むことが重要となってくる。その意味で，ESGは狭義の意味では非財務情報を測るモノサシ，また広義の意味では長期経営戦略といった意味合いでも使われている。

(3) ESG企業価値評価の基本形

企業価値評価には評価“する側”と“される側”が存在する。ここでは，その企業価値評価の全体像として，評価する側とされる側の関係を整理しておきたい。図表3－2は，企業価値評価の全体像を表したものである。

図表3－2 ESG企業価値評価の基本形

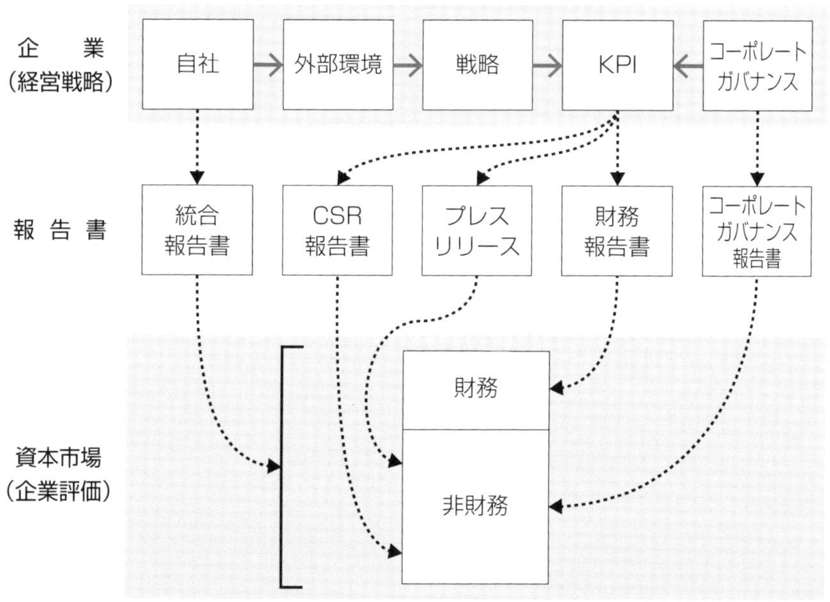

図表3－2では，上段が評価を“される側”の企業である。企業は，経営戦略を立案し，企業価値を創造する。一方，下段が評価を“する側”の資本市場である。資本市場は，その経営戦略を分析して企業価値を評価する。その間をつなぐのが中段の報告書である。企業と資本市場はこの報告書を通して対話しているのである。

さらに，詳しく見ていくと，企業側の経営戦略の基本的な構造は，自社，外部環境，戦略，KPI，コーポレートガバナンスの5つのステップとなっている。一方，資本市場側の企業価値評価の構造は，先述の企業価値の財務情報，非財務情報となっている。そして，その間の報告書は，統合報告書，CSR（サステナビリティ）報告書，プレスリリース，財務報告書，コーポレートガバナンス報告書（CG報告書）であり，企業側の経営戦略と資本市場側の企業価値にそれぞれがつながる構造になっている。

(4)　経営戦略とESGの関係

では，この企業価値評価の全体像にESGを組み込むとどのようになるのだろうか。一般的な経営戦略のメソッドを使って組み込んでみたい。

経営戦略のポピュラーなメソッドの1つに，SWOT分析がある。図表3－3が，そのイメージ図である。

図表3－3　SWOT分析

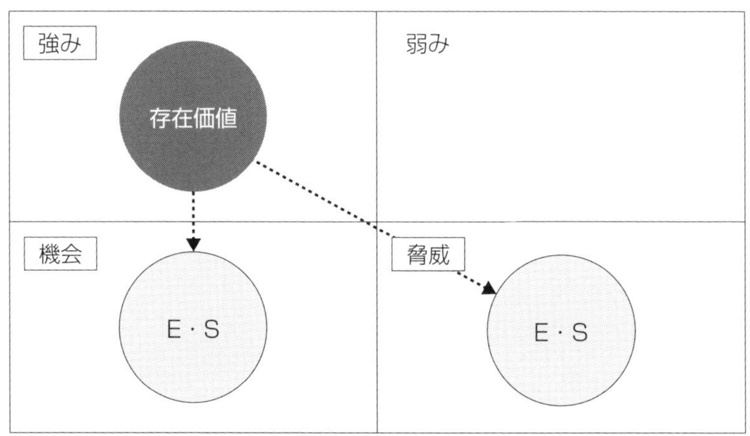

SWOT分析とは，内部環境や外部環境を強み・弱み・機会・脅威の4つに分類し，事業環境変化に対応する経営資源の最適化を分析するメソッドとしてとても有名である。そのSWOT分析の中でも，最もベーシックな戦略が「強みを機会と脅威に対応させる」というものである。これにESGのEとSを当てはめると「強み（存在価値）を，機会としてのESと，脅威としてのESに対応させる」となる。

一方，ESGには，もう1つGという言葉が入っている。このGも，経営戦略に組み込んでいく。Gについては，組み込む前に少し頭の整理が必要になる。一般的に，ガバナンスという言葉は内部統制，リスク管理，コーポレートガバナンスなどを含めた広い意味で使われている。しかし，本書のESGの議論においてGとして取り上げるのは，ガバナンスの中でも，コーポレートガバナンスである。

国内では，「ガバナンス」と「コーポレートガバナンス」の違いについて，あまり意識されてこなかったと思われるが，海外では全く違う概念として取り扱われている。

ここで，その2つの違いについて整理しておきたい。簡単にいえば，経営側が行う執行なのか，社外取締役を中心とした取締役会側が行う経営の監督なのかの違いである。ガバナンスの中には，内部統制，リスク管理，コーポレートガバナンスの3つが含まれている。そのうち，前の内部統制，リスク管理の2つは，経営側が行う執行にあたる。一方，最後のコーポレートガバナンスは，取締役会側が行う経営の監督にあたる。そして，本書におけるESGのG（コーポレートガバナンス）としての評価ポイントとは，どのように取締役会側が経営を監督しているかである。

(5) ESG企業価値評価のあるべき姿

これまで整理してきた経営戦略とESGの関係を，前掲図表3－2のESG企業価値評価の基本形に反映すると，図表3－4のようになる。

まずは，上段の企業側の経営戦略の5つのステップに，ESGがどのように反映されているかを見ていくことにする。

はじめの自社ステップには，SWOT分析の内部環境の強みとして“存在価値”が入ることになる。これにより，ここのステップは上が財務情報，下の非財務情報が存在価値となる。

次に，外部環境ステップには，SWOT分析の外部環境の“機会としてのES”と“脅威（＝リスク）としてのES”が入る。

そして，戦略ステップには，SWOT分析の内部環境と外部環境の掛け算になるため“存在価値×機会としてのES”，“存在価値×リスクとしてのES”が入る。これにより，ここのステップは上が財務情報，下の非財務情報が“存在価値×機会としてのES”“存在価値×リスクとしてのES”となる。

さらに，戦略は定性情報，KPIは定量情報であるため，KPIステップには戦略ステップの定量情報が入ることとなる。

最後のコーポレートガバナンスステップは，先述のガバナンスの中でも取締役会側が行う経営の監督にあたるG（コーポレートガバナンス）が入る。そして，経営が行う左の4つのステップのすべてを監督するカタチとなる。

図表3－4　ESG企業価値評価のあるべき姿

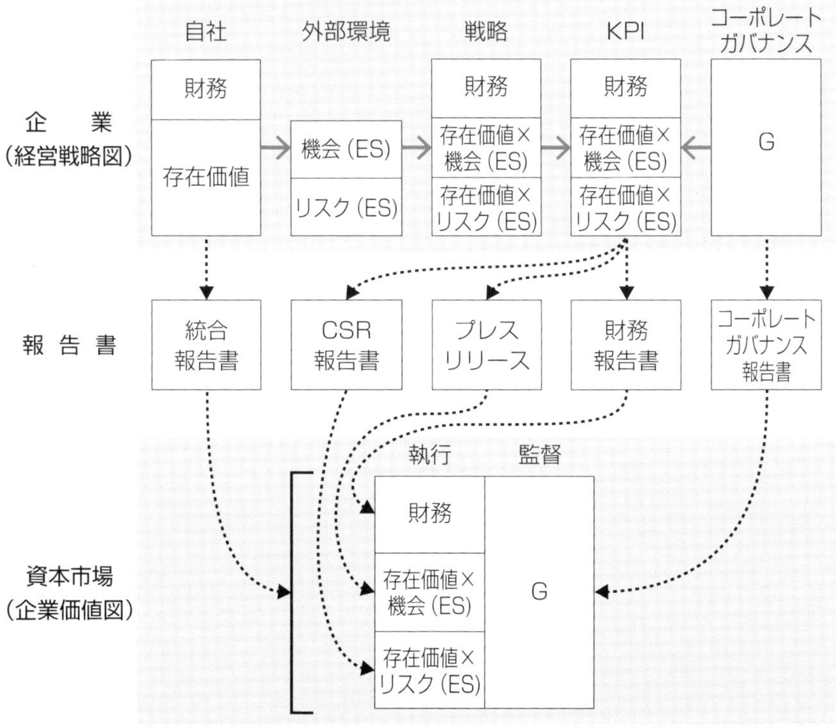

これで，企業側の経営戦略図にESGを組み込むことができた。これが筆者の考えるESGの経営戦略のあるべき姿である。

今度は，資本市場側の企業価値図を見ていくことにする。これを見ると，前掲図表3－2では上下に財務情報と非財務情報の2つに分かれていたものが，ここではさらに縦と横に細かく分かれている。

まずは，横方向の分割から見ていきたい。この図表では，左側が執行，右側が監督を表している。いわゆるG（コーポレートガバナンス）の概念で整理してきた経営側の執行と，取締役会側が行う経営の監督の違いを整理している。ここでは，コーポレートガバナンスは取締役会側が行う経営の監督にあたるため，右側の監督の位置に入る。

では，左側の執行はどのようになるのであろうか。左側の執行は，企業側の経営戦略図の戦略ステップと同じ内容になっている。それは，「非財務情報＝

長期経営戦略」だからである。そのため，左側の執行が上から財務情報，存在価値×機会としてのES，存在価値×リスクとしてのESとなっている。

これで，資本市場側の企業価値図にもESGを組み込むことができた。これが筆者の考えるESGの企業価値のあるべき姿である。この経営戦略および企業価値のあるべき姿の構造が，企業側と資本市場側で共有されることにより，ESGの企業価値評価は可能になる。

(6) ESG企業価値評価のあるべき姿と現状

では，実際にESG企業価値評価の現状は，どのようになっているのであろうか。これまで見てきたESG企業価値評価のあるべき姿と現状について比較をしたい。

図表３－５は，企業価値図をあるべき姿と現状とを比較したものである。前掲図表３－４の下段の企業価値図を使って，国内と海外の特徴ある３つのケースとあるべき姿を比較している。

図表３－５ 企業価値図のあるべき姿と現状の比較

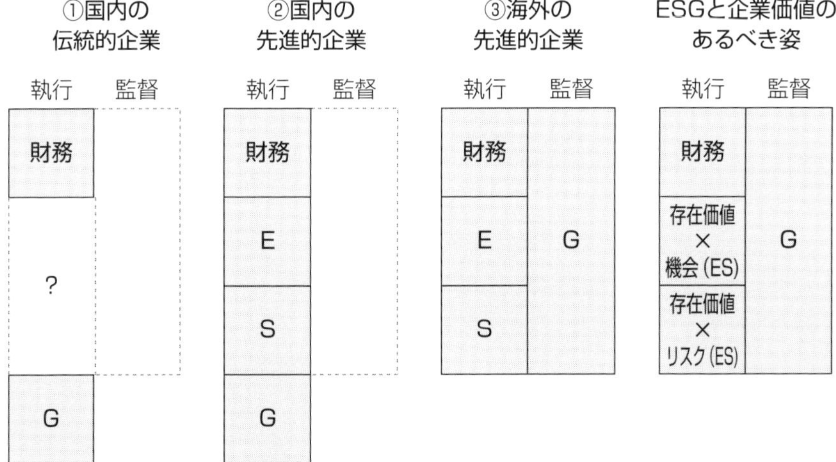

まず，①の国内の伝統的企業である。こちらは，左側の執行が財務，？，Gとなっている。非財務が？になっているのは，売上・利益の数字を上げることに忙しく，ESGにまで気が回らないといったケースである。

問題はGである。あるべき姿では，Gは右側の監督にあるのに対し，ここでは左側の執行にきている。これは，経営が監督する側なのか，される側なのかの違いである。

あるべき姿では，Gは取締役会が行う経営の監督，つまり経営は監督される側になる。しかし，国内企業の場合，残念ながらその区別は曖昧で，コーポレートガバナンスも内部統制やリスク管理と同様に，経営が監督する側の文脈で語られるケースが多い。

次に，②の国内の先進的企業のケースである。左側の執行が財務，E，S，Gとなっている。ここでは，非財務の箇所がEとSになっている。あるべき姿ではSWOT分析の外部環境の機会と脅威（リスク）としていたが，このケースではそのままEとSになっている。つまり，EとSはそのまま企業価値図に組み込まれ，機会とリスクになっていないということである。さらに，Gも左側の執行にきているのは，国内の伝統的企業と同様の理由からである。

最後は，③の海外の先進的企業である。こちらは，左側の執行の財務，E，Sは国内の先進的企業と同様だが，Gが右側の監督になっている。これは，海外ではG（コーポレートガバナンス）は経営を監督するという認識であるため，Gはあるべき姿と同様に右側の監督となっているのである。

では，今度はこの比較を経営戦略図で行うと，どのようになるのであろうか。図表３－６は，経営戦略図をあるべき姿と現状で比較したものである。先述の企業価値図の比較を，今度は経営戦略の５つのステップに分解している。横軸は経営戦略の５つのステップ，縦軸は先述の国内と海外の特徴ある３つのケースとあるべき姿としている。

これを横方向に見ていくと，はじめの自社の列は変わらない。しかし，次の外部環境の列から特徴が現れてくる。①国内の伝統的企業の？は，ESGにまで気が回らない。②，③の国内の先進的企業と海外の先進的企業は，外部環境をE・Sのまま見ている。最後のあるべき姿は，外部環境を機会としてのESとリスクとしてのESとして見ている。

次の戦略とKPIの列は，自社と外部環境の掛け算のため，その答えは外部環境の認識の違いの影響を大きく受ける結果となっている。

最後のコーポレートガバナンスの列は，経営が監督する側かされる側かで分かれている。①，②の国内企業は経営が監督する側，③の海外の先進的企業とあるべき姿は経営が監督される側となっている。

ここまで，国内と海外の特徴ある３つのケースとあるべき姿について比較し

図表３－６ 経営戦略図のあるべき姿と現状の比較

	自社	外部環境	戦略	KPI	コーポレートガバナンス
①国内の伝統的企業	存在価値	?	存在価値×?	財務	経営が監督（執行機能）
②国内の先進的企業		経済・E・S	存在価値×経済・E・S	財務 E・S	
③海外の先進的企業					経営を監督（監督機能）
ESGと企業価値のあるべき姿		機会（ES）リスク（ES）	存在価値×機会（ES）リスク（ES）	財務 機会（ES）リスク（ES）	

てきた。その結果，いくつかの相違点が見えてきた。１つは，外部環境の扱い方である。ここをどう扱うかによって，戦略やKPIが大きく変わる。もう１つは，コーポレートガバナンスの認識である。経営が監督する側なのかされる側なのかで，意味が180度変わってしまう。

⑺　ESG企業価値評価のメソッド

では，その経営戦略の外部環境とコーポレートガバナンスにESGを正しく組み込むためには，どのようにすればよいのだろうか。ここでは，いくつかのポイントに絞って紹介する。まずは，図表３－７を見てほしい。これは，図表３－４のESG企業価値評価のあるべき姿に，筆者の考えるメソッドを組み込んだものである。

図表３－４からの変更ポイントは，企業側の経営戦略図の外部環境ステップである。

図表３－４では“機会としてのES”“リスクとしてのES”になっていたところが，このメソッドでは“社会の期待としてのES”“社会の要請としてのES”になっている。さらに，それに伴って以降の戦略ステップとKPIステップも同様の変更になっている。

一方，資本市場側の企業価値図においても，左側の執行が経営戦略図の戦略ステップの変更に伴って更新されている。なぜこのように変更されているのか

図表3－7　ESG企業価値評価のメソッド

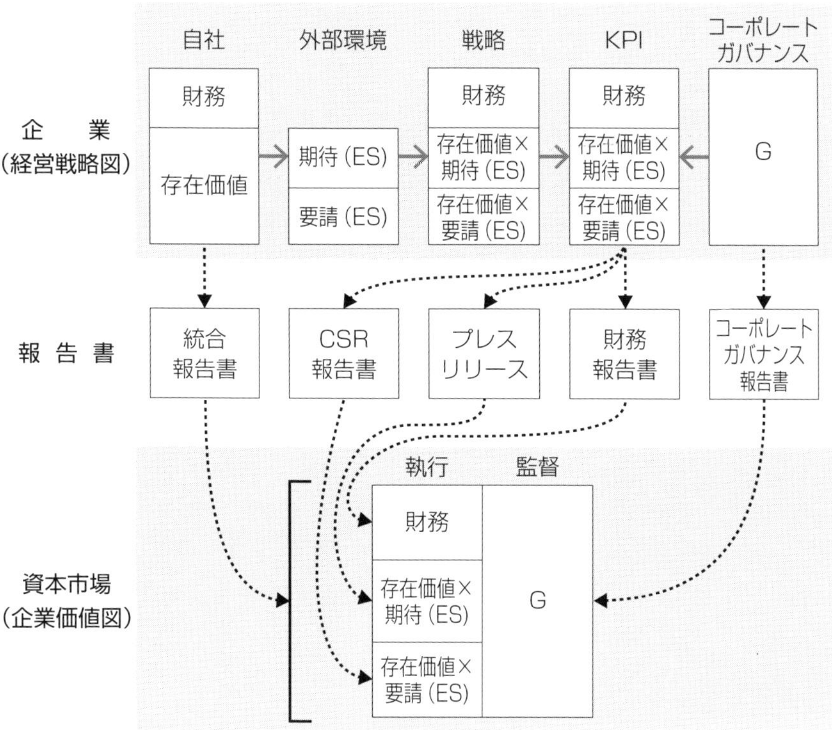

について，説明していく。

(8)　EとSを，外部環境の機会とリスクに転換する魔法の言葉

サステナビリティ分野には「社会の期待と要請に応える」という言葉がある。サステナビリティ分野では一般的な言葉である。これをもう少しわかりやすく表現すると，社会の期待とは「社会がしてほしいこと」，社会の要請とは「社会がされては困ること」である。つまり，CSR活動とは「社会がしてほしいことに応えて社会の役に立つ，また，社会がされては困ることに応えて社会に迷惑をかけないようにする」取り組みと言い換えることができる。

今回のESG企業価値評価のメソッドでは，この言葉を使ってEとSを，機会とリスクに転換しているのである。つまり，「社会の期待＝社会がしてほしいこと＝機会」，「社会の要請＝社会がされては困ること＝リスク」である。これにより，外部環境ステップでは“EとS”が“機会とリスク”として組み込まれていたのが，今回のメソッドでは“社会の期待としてのES”“社会の要請としてのES”に転換されている。

⑼ 外部環境分析に情報開示ガイドラインを活用

ここで，少し脱線になるが，先述の外部環境ステップの機会とリスク分析に前章の情報開示ガイドラインを活用する新しい動きがあるので，ここで紹介しておく。

サステナビリティ分野では，従来はステークホルダーとのエンゲージメントを実施し，マテリアリティを特定していた。しかし，最近では，サステナビリティ分野が進化し，さまざまなガイドラインが整ってきていることから，それらのガイドラインをうまく活用してマテリアリティ分析に活かす動きが出てきている。つまり，情報開示ガイドラインは，対話の共通言語・文脈という使い方のほかに，マテリアリティ分析として網羅的かつ効率的な外部環境分析の機会とリスクの棚卸にも活用できるということである。

例えば，GRIスタンダードは，企業がEやSに与えるインパクトを報告するためのガイドラインである。つまり，「EやSに与えるインパクト＝社会がされては困ること＝リスク」である。そういう意味では，GRIスタンダードはEやSのリスクが網羅的に整理されたESリスクの一覧表と捉えることができる。

一方，その反対は「社会がしてほしいこと＝機会」である。社会がしてほしいこととはSDGsである。SDGsは，2016年から2030年まで15年間の持続的な開発目標として世界から貧困を撲滅するための17の目標と169のターゲットが示されている。これも，EやSの機会が網羅的に整理されたES機会の一覧表として捉えることができる。

読者の中で，もしこれからマテリアリティ分析を始めるという方がいれば，試してみてはいかがだろうか。

⑽ 2階建戦略“社会の期待と要請に応える”

ここで，再び本題に戻す。企業側の経営戦略図では，戦略ステップとKPIステップも，外部環境ステップの変更に伴って変更されることになる。

戦略ステップは，自社ステップと外部環境ステップの掛け算である。つまり，機会は“自社の強み（存在価値）×社会がしてほしいこと＝社会の役に立つ”となる。一方，リスクは“自社の強み（存在価値）×社会がされては困ること＝社会に迷惑をかけない”となる。つまり，CSR活動の“社会の期待と要請に応える”がそのまま戦略ステップの“存在価値×期待としてのES（２階戦略）・存在価値×要請としてのES（１階戦略）”の２階建戦略となるということであり，KPIステップは，その定量情報ということになる。

そして，資本市場の企業価値図も，左側の執行が経営戦略図の戦略ステップが変更になるのに伴って更新される。

さらに，コーポレートガバナンスは図表の表記上，変更はないが取締役会が行う経営の監督という意味では，執行側の戦略が変わるということは，監督する内容も変わるということになる。

⑾　パーパス（存在意義）について

さらに，ESG戦略に関して，最近よく耳にする“パーパス”という言葉についても補足しておきたい。

パーパスとは，一言で表すと“存在価値”のことである。前著では，その“存在価値”をブランディングの視点からもブラッシュアップさせていた。そのブランディングでは，それを“選ばれる理由”という。では，“存在価値”と“選ばれる理由”は，何が違うのだろうか。

簡単に言ってしまえば同じである。ブランディングでは，その選ばれる理由を科学的かつ戦略的に体系化している。その意味では，パーパスもブランディングを使えば科学的かつ戦略的に体系化できるということになる。つまり，本書のESG企業価値評価のメソッドでは，パーパスを科学的かつ戦略的に体系化しているということになる。

では，ここでそのブランディングの体系化について説明しておきたい。ブランディングの基本的な価値構造は，“実体”と“イメージ”からできている。実体とは基本性能のことで，提供される機能そのものである。しかし，この機能は，充足されないと不満となるが，充足されたとしてもある意味で“当たり前”という性格のものであり，これだけでは“選ばれる理由”とはならない。

一方，イメージは顧客などからどのように連想されているかであり，自社の存在価値が共感され認められれば，顧客などとの長期にわたる結びつきを構築することが可能となり“選ばれる理由”となる。しかし，このイメージは実体の機能があってこそのものであり，実体のないイメージはあり得ない。そのため，この実体とイメージの２つの価値が合わさってブランドの価値となっている。

さらに，ESG時代には，この実体の基本性能の機能にE・Sの要素，いわゆる“社会の期待と要請”も含まれる。そして，その機能が“社会の期待と要請”を超えていれば賞賛され価値となり，超えていなければ不満となりバッシングされリスクとなる。つまり，この実体の機能の中に含まれている“社会の期待と要請”は価値にもなりリスクにもなる。その証拠に，現在はESG評価機関のESG評価などでは，その取り組みが資本市場への参加資格という価値もしくはリスクになっている。

⑿　ESG企業価値評価のメソッドと企業価値／株価の関係

それでは，ESG企業価値評価のメソッドと企業価値／株価との関係についても確認しておきたい。

まず，図表３－８を見てほしい。この図表では，ESG企業価値評価のメソッドと企業価値の関係を表している。図表では，左側の執行は上から“財務”“存在価値×社会の期待としてのES（２階戦略）”“存在価値×社会の要請としてのES（１階戦略）”となっている。一方，右側の監督は“G（コーポレートガバナンス）”となっている。

図表３－８　ESG企業価値評価のメソッドと企業価値の関係

まず，左側の執行では，企業の強みを生かしてESの役に立つことで“２階戦略”の価値が大きくなる。同時に，企業の強みを生かしてESに迷惑をかけ

ないようにすることで“１階戦略”の価値も大きくなる。そして，これらの２つの価値が大きくなることで上部の“財務”の価値も大きくなる。さらに，右側の監督の“G（コーポレートガバナンス）”の取締役会が経営を監督することで，リスクが低減されバリュエーションも高まる。その結果，企業価値図全体の高さが増大し，企業価値は向上するという関係になっている。

では，株価との関係はどのようになっているのだろうか。基本的な株価の計算式は，次のとおりである。

$$\text{株価} = \frac{\text{利益予想}}{\text{割引率} - \text{期待成長率}}$$

この計算式を使って，ESG企業価値評価のメソッドと株価との関係を説明していきたい。まず，分子の利益予想には，企業価値図の左側の“財務”が該当する。分母の割引率には企業価値図の右側の“G（コーポレートガバナンス）”，期待成長率には企業価値図の左側の“１階戦略と２階戦略”が該当する。

まずは，企業が“１階戦略と２階戦略”を行うことにより期待成長率が大きくなる。その結果，“財務”の利益予想も大きくなる。さらに，“G（コーポレートガバナンス）”の取締役会が経営を監督することでリスクが低減され割引率は小さくなる。つまり，分子は大きくなり，割引率が小さくなり，期待成長率が大きくなることにより分母が小さくなる，ということは株価が上がるということである。

⒀　メソッドとESG時代のイシュー“CO_2ゼロ・格差ゼロ”の関係

それでは，先述の２階建戦略“社会の期待と要請に応える”と，ESG時代のイシューである「いかに“CO_2ゼロ・格差ゼロ”に寄与したか」との関係について，明らかにしていきたい。

ESG時代のイシューとは，つまり，社会が求める期待であり要請そのものではないだろうか。すなわちESG時代のイシューである「いかに“CO_2ゼロ・格差ゼロ”に寄与したか」は，そのままメソッドの２階建戦略“社会の期待と要請に応える”に代入できる。機会の“自社の存在価値を活かして社会の役に立つ”は「自社の存在価値を活かして“CO_2ゼロ・格差ゼロ”の役に立つ」，リスクの“自社の存在価値を活かして社会に迷惑をかけない”は「自社の存在価値を活かして“CO_2ゼロ・格差ゼロ”に迷惑をかけないようにする」となる。つまり，2階建戦略“社会の期待と要請に応える”が，そのまま2階建戦略“CO_2ゼロ・格差ゼロ”になるのである。

では，単純に2階建戦略“CO_2ゼロ・格差ゼロ”の2つの戦略を行えばよいのかといえば，そうではない。この2つの戦略には制約がある。読者の方は“市場への参加資格や加点ポイント”“規定演技や自由演技”などの言葉を耳にしたことがあるだろうか。これらの言葉は，まさにその制約のことをいっているのである。

まずは，市場への参加資格としての“規定演技”をクリアし，次に市場での加点ポイントの“自由演技”で魅了するということである。市場への参加資格“規定演技”とはESG戦略の1階戦略のことであり，市場での加点ポイント“自由演技”とは2階戦略のことである。つまり，2階戦略を行うためには，1階戦略が必要になる。逆にいえば，1階戦略を行っていない企業は，2階戦略を行う資格がないということである。

ここまでの内容を整理すると，まずは1階戦略である「自社の存在価値を活かして“CO_2ゼロ・格差ゼロ”に迷惑をかけないようにする」取り組みとして，自社がビジネス活動の中で排出する“CO_2・格差”をゼロに抑えていく活動をしっかりと行う。それが，社会でビジネスを許されるための最低限の条件のようなもので，ESG時代の規定演技・市場への参加資格となっている。

次に，2階戦略である「自社の存在価値を活かして“CO_2ゼロ・格差ゼロ”の役に立つ」取り組みとして，企業の強みであるイノベーション力を活かして“CO_2ゼロ・格差ゼロ”の課題を解決する活動を行う。これは，自社のビジネスのアピールであり，ESG時代の自由演技・市場での加点ポイントとなる。

ESG時代には，この2階建戦略を正しく行うことで，はじめて社会からビジネスをすることが許される。第1章で，「BtoB企業などでは，この取り組みを行っていなければ，取引ができないという事例まで出てきている」と述べたのは，まさにこの1階の規定演技・市場への参加資格のことである。

⒁ メソッドと情報開示ガイドラインの文脈の関係

それでは，最後にもう1つ，先述のESG企業価値評価のメソッドと，前章で整理してきた情報開示ガイドラインの財務系とインパクト系の2つの文脈との関係についても整理しておきたい。

まず，ESG企業価値評価のメソッドの企業側の経営戦略図の5つのステップを思い出してもらいたい。この5つのステップである自社，外部環境，戦略，KPI，コーポレートガバナンスというステップの文脈自体が，そもそも情報開示ガイドラインの財務系の文脈である。では，インパクト系の文脈とは，どこにあたるのだろうか。それは，外部環境ステップに組み込んだ“社会の期待と要請に応える”文脈のことである。つまり，ESG企業価値評価のメソッドは，その2つの文脈を“機会＝期待”“リスク＝要請”でつなぎ，1つの戦略としてマネジメントしているのである。

では，それとESG時代のイシューである「いかに“CO_2ゼロ・格差ゼロ”に寄与したか」との関係は，どのようになるのだろうか。ESG時代のイシューは，2階建戦略“社会の期待と要請に応える”そのものであった。つまり，ESG時代のイシューである「いかに“CO_2ゼロ・格差ゼロ”に寄与したか」はそのまま，インパクト系の文脈ということになる。

また，ESG企業価値評価のメソッドでは，1階戦略は自社のビジネス活動の中から生じる“CO_2・格差”をゼロに抑えていく活動であり，2階戦略は企業の強みであるイノベーション力を活かして“CO_2ゼロ・格差ゼロ”の課題を解決する活動である。これらをよく見ると，1階戦略も2階戦略も論点は“CO_2ゼロ・格差ゼロ”である。文脈でいえば，両方ともインパクト系の文脈がカギとなっている。つまり，ESG時代のビジネスは，インパクト系の文脈にかかっているといっても過言ではない。

では，そのカギとなる“CO_2ゼロ・格差ゼロ”の活動を，どのようにマネジメントすればよいのだろうか。少なくとも，旧来型のマネジメントには“CO_2ゼロ・格差ゼロ”の活動はビルトインされていない。

次節では，そのカギとなる“CO_2ゼロ・格差ゼロ”の活動をマネジメントするための道具として，ESG時代のマネジメントツールについて整理していくことにする。

2　GRIスタンダード（SASBスタンダード）の構造

(1)　マネジメントツールもESG時代に合わせる

ここからは，ESG戦略を管理する“マネジメントツール”を整理する。マネジメントツールとは，戦略をマネジメントするための道具のことである。そこには，戦略のマネジメントに必要な項目が１枚のワークシートとしてまとめられており，一目で全体像を把握できるようになっている。また，それを情報開示の視点から見れば，必要なエビデンスが１枚のワークシートとしてまとめられているツールとして捉えることもできる。

情報開示とは，マネジメントの報告である。逆にいえば，マネジメントしていないものは報告できない。その意味では“CO_2ゼロ・格差ゼロ”の取り組みを報告したければ，その内容をしっかりとマネジメントしていなければならない。

ここでは，ESG時代のイシューである“CO_2ゼロ・格差ゼロ”の取り組みを報告するためのマネジメントツールを整理する。先述のESG企業価値評価のメソッドをベースに，主要な情報開示ガイドラインから抽出したESG戦略マネジメントに必要なディテールを組み込み，１枚のESG時代のマネジメントツールとしてまとめていく。これにより，ESG戦略に必要なディテールのマネジメントが可能となり，情報開示に必要なエビデンスも整うことになる。

しかし，従来のマネジメントには，サステナビリティの取り組みは組み込まれていなかった。つまり，旧来型のマネジメントツールでは，“CO_2ゼロ・格差ゼロ”のマネジメントはできない。それを解決するために情報開示戦略の前段階であるマネジメントツールから整理し，無理のない最適な情報開示の環境を整える必要がある。

筆者は，このESG時代のマネジメントツールの整理は非常に重要な工程であると考える。もし，ここで最適な情報開示の環境をしっかりと整えておかなければ，ESGの情報開示戦略を実現することが困難になってしまう。

それではマネジメントツールの整理に入っていきたい。まずは図表３－９を見てほしい。この図表は，ベースとなるESG企業価値評価のメソッドの経営戦略図をマトリックスにしたものである。

図表3－9　ESG企業価値評価のメソッドの経営戦略図

ESG戦略の構造 ＼ 経営戦略の5つのステップ	自社	外部環境	戦略	KPI	G
財務					
2階戦略（存在価値×期待）					
1階戦略（存在価値×要請）					

横軸は，経営戦略の5つのステップである自社，外部環境，戦略，KPI，ガバナンスとなっている。一方，縦軸はESG戦略の構造である財務，2階戦略（存在価値×期待としてのES），1階戦略（存在価値×要請としてのES）となっている。

それでは，このESG企業価値評価のメソッドの経営戦略図をベースに，主要な情報開示ガイドラインのディテールを，この中に組み込んでいくことにする。

(2)　GRIスタンダードの主な開示項目

まず，はじめにGRIスタンダードから見ていく。GRIスタンダードとは，サステナビリティの情報開示ガイドラインである。世界中の数多くの企業や組織に活用され，事実上のデファクト・スタンダードになっている。このGRIスタンダードの構成は，図表3－10のとおりである。

大項目として共通スタンダードと項目別のスタンダードがあり，共通スタンダードには，100番代の一般開示事項としてガバナンスなどの項目が入っている。項目別のスタンダードには，200番代に経済，300番代に環境，400番代に社会などの項目が入っている。そして，その下は中項目として，さらに細かな項目へと続いている。

しかし，この構成の切り口のままでは，ESG企業価値評価のメソッドの経営

図表3－10 GRIスタンダードの一般的な構成

共通スタンダード	
101 基礎	報告原則や使用についての説明
102 一般開示事項	組織のプロフィール
項目別のスタンダード	
200番代 経済	経済のパフォーマンス，地域経済での存在感，間接的な経済的インパクト，調達慣行，腐敗防止，反競争的行為
300番代 環境	原材料，エネルギー，水，生物多様性，大気への排出，排水および廃棄物，環境コンプライアンス，サプライヤーの環境面のアセスメント
400番代 社会	雇用，労使関係，労働安全衛生，研修と教育，ダイバーシティと機会均等，非差別，結社の自由と団体交渉，児童労働，強制労働，保安慣行，先住民族の権利，人権アセスメント，地域コミュニティ，サプライヤーの社会面のアセスメント，公共政策，顧客の安全衛生，マーケティングとラベリング，顧客プライバシー，社会経済面のコンプライアンス

図表3－11 GRIスタンダードの主な開示項目

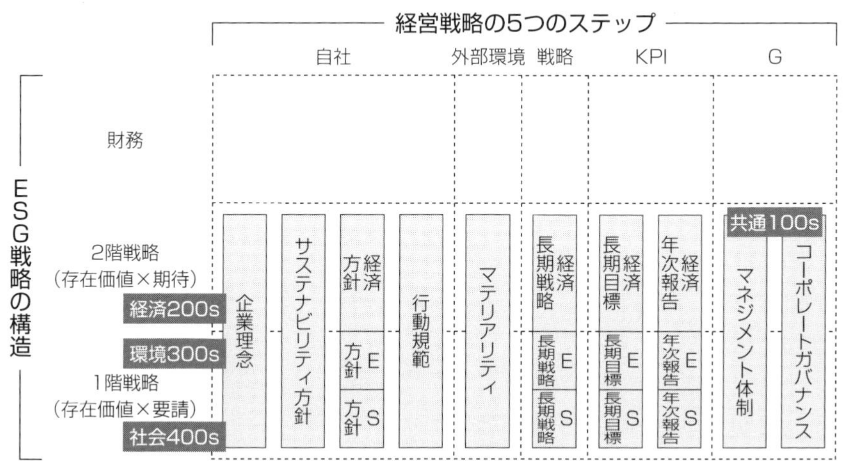

戦略図に組み込むことは難しい。経営戦略の5つのステップの切り口と，GRIスタンダードの構造が違うからである。そのため，GRIスタンダードをESG企業価値評価のメソッドの経営戦略図に対応させるためには，経営戦略の5つの

ステップの切り口で整理し直す必要がある。

では，GRIスタンダードを横軸の経営戦略の５つのステップに分類するためには，どのようにすればよいのだろうか。まずは，図表３－11を見てもらいたい。これは，GRIスタンダードの一般的な構成のさらに下にある小項目の質問項目を，経営戦略の５つのステップ別に整理し直したものである。

⑶　GRIスタンダードと縦軸の関係

まず，縦軸のESG戦略の構造とGRIスタンダードの関係から見ていくことにする。

これを見ると，全体的な特徴としてはフレームワークのうち，上段の行（財務）がすべて空いている。GRIスタンダードには財務情報がないためである。中段と下段は２階戦略と１階戦略の行である。つまり，GRIスタンダードの対象範囲は，この２つの領域ということになる。簡単に整理すると，GRIスタンダードの目的は「自社が与えるESへのインパクト」の報告，つまりインパクト系の文脈であるため，フレームワークの上段の財務の行がすべて空いているという構造になる。

さらに，詳しく見ていくと，中段の２階戦略の行は，GRIスタンダードの200番代の「経済」が対応する。ここの自社が与えるESへのインパクトについては，例えば，経済活動による付加価値の提供や，商慣習やコンプライアンスなどの項目が該当する。

そして，下段の１階戦略の行は，GRIスタンダードの300番代の「環境」と400番代の「社会」が対応する。ここの自社が与えるESへのインパクトについては，例えば，環境では気候変動，資源循環，生物多様性など，社会では人権，労務，サプライチェーンなどの項目が該当する。

最後にもう１つ，100番代の共通項目が残っている。ここは，ガバナンスなどが入っている項目である。ガバナンスといえば，ESGでは欠かすことのできない大切な項目である。それでは，その100番代の共通項目はどこに対応しているのであろうか。この図表では，100番代の共通項目のガバナンスは，横軸の右端にあるG（ガバナンス）の列に対応することになる。

⑷　GRIスタンダードと横軸の関係

次に，横軸の経営戦略の５つのステップとGRIスタンダードの関係を見ていくことにする。ここでは，GRIスタンダードの小項目を，横軸の経営戦略の５つのステップ別に整理している。

それでは，左の自社のステップの列から詳しく見ていくことにする。ここにはGRIスタンダードの４つの項目が対応している。初めに企業理念，次にサステナビリティ方針，さらに各分野別の方針，最後は行動規範である。

GRIスタンダードの理念体系は，企業理念から始まる。そして，次にサステナビリティ全体に関する会社の考え方や姿勢・スタンスを表すサステナビリティ方針があり，その次に各分野別の方針がぶら下がる構造になっている。その各分野別の方針の中には，例えば経済分野の方針，環境分野の方針，社会分野の方針などが入っており，ここまでが会社側の考え方や姿勢・スタンスを表した方針となっている。

それに対し，今度は社員側の方針としての行動規範がきている。行動規範では，社員が取るべき行動や姿勢などがまとめられている。ここまでの４つが，自社ステップに該当する項目となっている。

次は，外部環境ステップの列である。ここには，GRIスタンダードのマテリアリティの項目が対応している。GRIスタンダードのマテリアリティは「自社が与えるESへのインパクト」である。統合報告のマテリアリティである「価値創造の機会とリスク」とは，少し趣が異なっている。フレームワークという意味では，いずれのマテリアリティにしても，外部環境の分析であることには変わりがない。そのため，GRIスタンダードのマテリアリティは，ここに対応するカタチになっている。

戦略ステップとKPIステップの列は，簡単にいえば自社ステップと外部環境ステップの掛け算であり，戦略ステップはその定性情報，KPIステップはその定量情報となる。戦略ステップとは，前節で見てきたとおり，長期戦略である。つまり，自社が与えるESへのインパクトの長期戦略となる。一方のKPIステップは，その長期戦略の定量情報となる。ここではその定量情報がさらに長期目標と短期の年次目標および進捗報告の２つに分かれる。それらは経済，環境，社会という各分野別に，それぞれ設定されることになる。

最後は，G（ガバナンス）の列である。ここには，先述のとおり大項目の100番代の共通項目が対応している。このガバナンスの中には，マネジメント体制とコーポレートガバナンスが入っている。

⑸　ガバナンスとコーポレートガバナンスの違い

ここで，ガバナンスとコーポレートガバナンスの違いについて補足しておきたい。前節のESG企業価値評価のメソッドの経営戦略の５つのステップでは，最後のステップのGはコーポレートガバナンスとなっていた。しかし，本節のマネジメントツールの経営戦略の５つのステップでは，Gはガバナンスとなっている。この２つの違いについて説明したい。

結論を先にいえば，“論点”と“マネジメント”の違いである。ESGの企業価値評価はあくまでも問われている論点，つまり評価のポイントとは何なのかである。一方，マネジメントツールはマネジメントしなければならない項目には何があるのかである。そのため，前節のESG企業価値評価のメソッドの経営戦略の５つのステップでは，論点として“取締役会が行う経営の監督＝コーポレートガバナンス”にフォーカスしていた。一方，本節のマネジメントツールの経営戦略の５つのステップでは“マネジメントしなければならない項目＝ガバナンス”としてマネジメント体制とコーポレートガバナンスとしているのである。

一般的に，国内ではガバナンスという言葉は，内部統制，リスク管理，コーポレートガバナンスを含めた広い意味で使われている。内部統制，リスク管理（サステナビリティ分野ではサステナビリティ体制といわれている）の２つは，経営が行う執行である。一方のコーポレートガバナンスは，取締役会が行う経営の監督である。

つまり，ガバナンスという言葉の中には，性格の異なる概念が混在しているのである。そのため，国内のガバナンス，あるいはコーポレートガバナンスの議論では，この２つの概念が間違って使われているケースが数多く散見される。

もう一度整理すると，ESGの企業価値評価で問われている論点は，取締役会が行う経営の監督であるコーポレートガバナンスである。マネジメントツールでマネジメントしなければならないのは，内部統制・リスク管理などのマネジメント体制（サステナビリティ体制）と，取締役会が行う経営の監督であるコーポレートガバナンスの仕組みである。

本書以外でも，ガバナンスとコーポレートガバナンスの議論はさまざまなところで行われているが，その時々で，今回の議論の論点は何なのか，それが使われている背景や文脈をよく確かめてから議論を行うことをお勧めしたい。そうすれば，議論の解像度が上がり，より理解も深めることができる。

(6) 自社ステップ（パーパス）とは

さて，経営戦略の自社ステップに関しては，もう少し説明が必要である。この自社ステップとは，現在の言い方でいえば“パーパス”にあたるところである。

筆者は，このパーパスについては，IR・PR・CSRなどで，それぞれ認識が異なっていると考えている。どのように異なっているかについて，自社ステップの認識を棚卸して整理したい。

図表3－12 IR，PR，CSRの自社ステップ（パーパス）の概念の違い

IRの経営上位概念	
理念	実現したいこと
ミッション	使命
価値観	判断基準，信条
ドメイン	領域
ビジネスモデル	価値を生み出す仕組み
コアコンピタンス	中核ノウハウ
強み	差別点
提供価値	ベネフィット

PRのブランド・ステイトメント	
ブランド・エッセンス	約束，ビジョン
ブランド・パーソナリティ	人柄，価値観
ターゲット	顧客
提供能力，持ち味	特徴，独自性
機能的ベネフィット	基本性能
情緒的・心理的ベネフィット	個性

CSRの方針	
企業理念	実現したいこと
サステナビリティ方針	サステナビリティのスタンス
各分野別の方針	各分野別のスタンス
行動規範	（社員の）取るべき行動，姿勢

それぞれの自社ステップの認識としては，1つ目は経営企画やIRで使われている「経営上位概念」，2つ目は事業部やPRで使われている「ブランド・ステイトメント」，3つ目がCSRで使われている「方針」がある。図表3－12はそれらの概念を整理したものである。

このうち，IRの経営上位概念とPRのブランド・ステイトメントの関係を整理したものが図表3－13である。簡単にいえば,経営上位概念とは“存在価値”,ブランド・ステイトメントとは“選ばれる理由”のことである。ここは，ほぼ同じ概念に違う呼び名が付けられているようなものなので，ある意味で翻訳は簡単である。

図表3－13 経営上位概念とブランド・ステイトメントの対照表

経営上位概念	ブランド・ステイトメント
理念, ミッション	ブランド・エッセンス
価値観	ブランド・パーソナリティ
ドメイン	ターゲット
ビジネスモデル, コアコンピタンス, 強み	提供能力，持ち味
提供価値	機能的ベネフィット, 情緒的・心理的ベネフィット

一方，CSRの方針は，それらとは明らかに切り口が異なっている。では，それらとCSRの方針は，どのような位置関係になるのだろうか。筆者は，IR・PRの経営上位概念とブランド・ステイトメントは，CSRの方針の中では，各分野別の方針にある経済分野の方針に該当すると考えている。

その意味では，それらを整理すると自社ステップは，全体の構造としてはCSRの方針の構造としつつ，IR・PRの経営上位概念とブランド・ステイトメントはその中にある各分野別の経済分野の方針として統合される。それらをまとめたものが図表3－14である。

こうして各分野別にバラバラだった自社ステップの概念を整理することでパーパスは整理され，1つの理念体系としてマネジメントできるとともに，IR・PR・CSRなどの各コミュニケーションでも最適な対話が可能になる。

図表３－14 マネジメントツールの自社のディテール

企業理念	実現したいこと
サステナビリティ方針	サステナビリティのスタンス
各分野別の方針	各分野別のスタンス 財務，経済（経営上位概念，ブランド・ステイトメント），環境，社会，コンプライアンス，リスク管理，CG
行動規範	（社員の）取るべき行動・姿勢

⑺ SASBスタンダードの主な開示項目

最後に，SASBスタンダードについても補足しておきたい。

第２章では，SASBスタンダードはマテリアリティがあらかじめ業界ごとに決められており，SASBスタンダードは“must項目”，GRIスタンダードは“more項目”にあたると述べた。

つまり，“must項目”のSASBスタンダードは，“more項目”のGRIスタンダードに含まれるという関係になる。その意味では，本節のマネジメントツールへの情報開示ガイドラインの組み込みでは，GRIスタンダードの組み込みを行ったことをもって，SASBスタンダードの組み込みも行ったこととする。

3　有価証券報告書の構造

(1)　有価証券報告書の主な開示項目

次に，有価証券報告書を見ていくことにする。有価証券報告書は，財務面の法定開示である。2019年の改正では，これまでの非財務情報などの議論が加味されている。有価証券報告書の主な開示項目は図表３－15のとおりである。ここの主な開示項目では，有価証券報告書の項目を整理しやすくするために，少しアレンジした内容としている。

図表３－15　有価証券報告書の主な開示項目

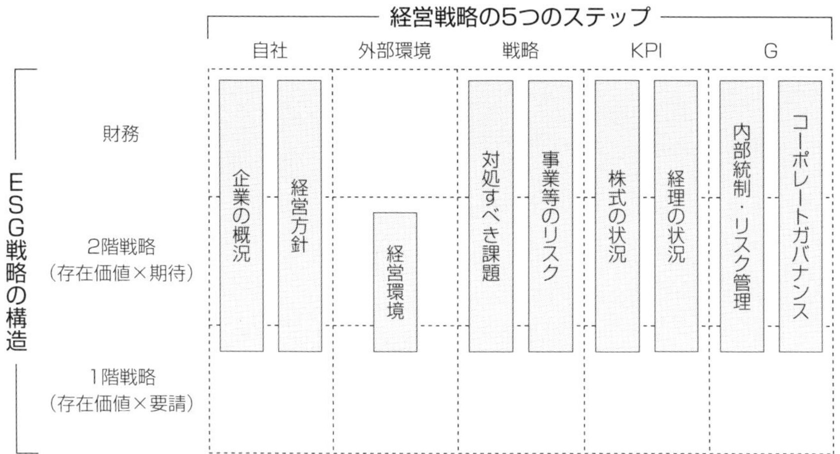

(2)　有価証券報告書と縦軸の関係

それでは，図表の縦軸のESG戦略の構造と，有価証券報告書の関係を見ていくことにする。

これを見ると，全体的にはフレームワークのうち，下段の行が大きく空いている。下段は１階戦略の行なので，有価証券報告書にはそこがないということになる。しかし，よく見ると下段の行にも，少しだけコンテンツがかかっている。それは，コンプライアンス関連の内容が一部含まれるからである。

上段の行は財務，中段の行は２階戦略である。上段の行の財務は，有価証券報告書なので異論はない。では，中段の２階戦略の行は，なぜ有価証券報告書に含まれるのだろうか。

これは，簡単にいえば時間軸の問題である。短期や中期の計画では，外部環境分析は経済や業界内の動向を見るだけでよかったのかもしれない。しかし，現在のようなESG時代では，長期の時間軸が求められる。つまり，長期の経営戦略としてESG時代のビジネスをどう考えるのかを財務系の文脈で報告しなければならない。GRIスタンダードがインパクト系の文脈での報告とするならば，こちらは財務系の文脈からの報告となる。

従来の有価証券報告書は年次報告ということもあり，どちらかといえば目線は短期的であり，該当個所は一番上の財務の行だけでよかったのかもしれない。

しかし，2019年の改正以降では，長期的目線からの年次報告が求められるようになった。それにより，中段の2階戦略の行の重要性が増してきていると思われる。2019年の改正が，企業経営にESG戦略という長期的な目線を意識させたことの意義はとても大きいと考えられる。

(3) 有価証券報告書と横軸の関係

次は，図表の横軸である経営戦略の5つのステップと，有価証券報告書の関係を見ていく。これを見ると，有価証券報告書の構成要素は，そのままマネジメントツールの構造に整理できる。

最初の自社ステップの列は，企業の概況と経営方針の2つの項目が該当している。企業の概況とは組織のプロフィール，経営方針とは考え方や姿勢である。

次の外部環境ステップの列には，経営環境が該当する。

さらに，戦略ステップの列には，対処すべき課題と事業等のリスクの2つの項目が該当している。対処すべき課題は，戦略とセットになっているため，ここに位置付けている。事業等のリスクは，外部環境の脅威ではなく戦略実現のための不確実性のことである。そのため，ここも戦略ステップに位置付けている。

そして，KPIステップの列には，株式の状況と経理の状況の2つの定量情報が該当する。

最後のG（ガバナンス）のステップの列には，内部統制・リスク管理とコーポレートガバナンスの項目が該当する。内部統制・リスク管理とは，先述したとおりマネジメント体制のこと，コーポレートガバナンスとは経営の監督のことである。

4　統合報告書の構造

(1)　統合報告書の主な開示項目

次に，統合報告書を見ていくことにする。統合報告とは，企業の中長期的な企業価値の創造活動について報告するためのガイドラインである。この中には，財務系の文脈とともにインパクト系の文脈も含まれる。その意味では，統合報告書はESG戦略の情報開示ガイドラインともいえる。統合報告書の主な開示項目は，図表3－16のようになっている。

図表3－16　統合報告書の主な開示項目

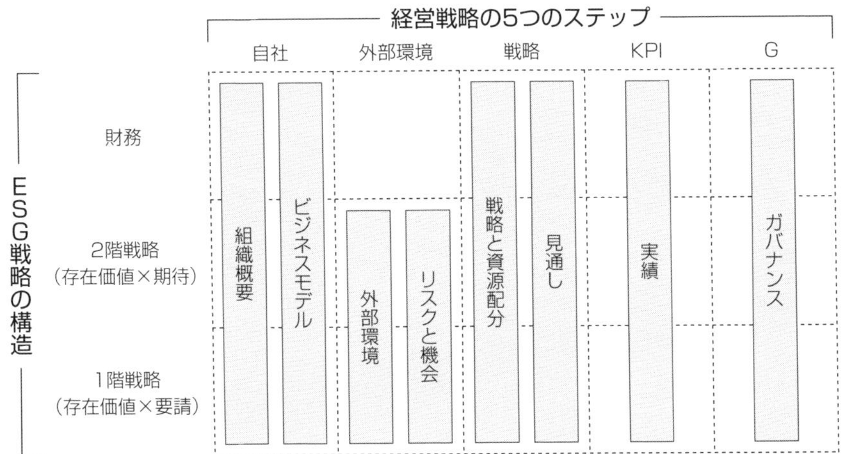

(2)　統合報告書と縦軸の関係

それでは，図表の縦軸のESG戦略の構造と，統合報告書の関係を見ていくことにする。

これを見ると，全体的な特徴として，フレームワーク全体に統合報告書のガイドラインが該当しているのがわかる。GRIスタンダードや有価証券報告書は，各情報ユーザーが必要とする情報だけにフォーカスしていたのに対し，統合報告書では網羅的な情報を求めている。つまり，財務系の文脈とインパクト系の文脈の両方が対象範囲となっている。まず，この点がこの情報開示ガイドラインの大きな特徴である。

一方で，統合報告書は網羅的に情報を求めることで，新たな課題も生じている。それは異なる２つの文脈を１つにすることにより，経営の戦略ストーリーが混乱していることである。これについては[1]「(6) ESG企業価値評価のあるべき姿と現状」で指摘したとおりである。通常，外部環境分析は機会とリスクであるが，現状を見ると外部環境にそのままEとSを入れているケースが数多く散見される。また，このことは報告書においても同様である。統合報告書のスタート当時は，サステナビリティ報告書とアニュアルレポートを単純に合わせた合本というスタイルが数多く散見された。現在でも，このESG戦略の対話という意味では，まだまだ試行錯誤の状態が継続している。しかし，そもそもESGという言葉が資本市場から生まれていることを考えれば，将来的にはインパクト系の文脈を財務系の文脈としての定量化が進むのではないかと思われる。

いずれにしても，企業価値評価を考えるうえで，財務系の文脈にインパクト系の文脈もあわせてESGを評価しようとすることの意義はとても大きいと思われる。

(3) 統合報告書と横軸の関係

次は，図表の横軸である経営戦略の５つのステップと，統合報告書の関係を見ていくことにする。これを見ると，全体的にIR担当者にとっては馴染みのある言葉ばかりなので，マネジメントツールの構造に整理するのは比較的簡単ではないだろうか。

最初の自社ステップの列には，組織概要とビジネスモデルが該当している。組織概要とは組織のプロフィールのこと，ビジネスモデルは価値を生み出す仕組みのことである。これらは，どちらも先述のGRIスタンダードのところで確認したIRの経営上位概念やPRのブランド・ステイトメントの中に含まれているディテールである。

次の外部環境ステップの列には，外部環境，リスクと機会が該当する。ここの外部環境では時間軸をどうするかが重要となる。統合報告書の目線が長期の企業価値創造であることからすると，当然ながら外部環境の時間軸は長期となる。時間軸が長期ということは，ESが加味されるということである。さらにいえば，ESG時代のイシューである“CO_2ゼロ・格差ゼロ”が加味されるということである。

そして，戦略ステップの列には，戦略と資源配分，見通しが該当する。戦略と資源配分とは戦略の実現方法のこと，見通しとは戦略の不確実性のことである。実現方法には，外部環境ステップの列と同様に，ESG時代のイシューである“CO_2ゼロ・格差ゼロ”の議論が加味されることになる。

KPIステップの列には，実績が該当する。厳密にいえば，KPIには，戦略ステップの列の目標がここにあたる。その目標は長期目標として，当然ながらESG時代のイシューである“CO_2ゼロ・格差ゼロ”の議論も加味されなければならない。

最後のG（ガバナンス）のステップの列には，同名のガバナンスが該当している。ここのガバナンスステップには，内部統制・リスク管理などのマネジメント体制と，経営の監督であるコーポレートガバナンスが含まれている。ここも，時間軸は長期となる。ESG時代のイシューである“CO_2ゼロ・格差ゼロ”のマネジメント体制とその監督の仕組みについて報告することになる。

5 TCFDの構造

(1) TCFDの主な開示項目

次に，TCFDを見ていくことにする。TCFDとは，気候関連が財務に及ぼす影響について開示するためのガイドラインである。ESG時代のイシューである“CO_2ゼロ・格差ゼロ”という意味では，とても重要な情報開示ガイドラインとなる。そのTCFDの主な開示項目は，図表３－17のようになっている。

図表３－17 TCFDの主な開示項目

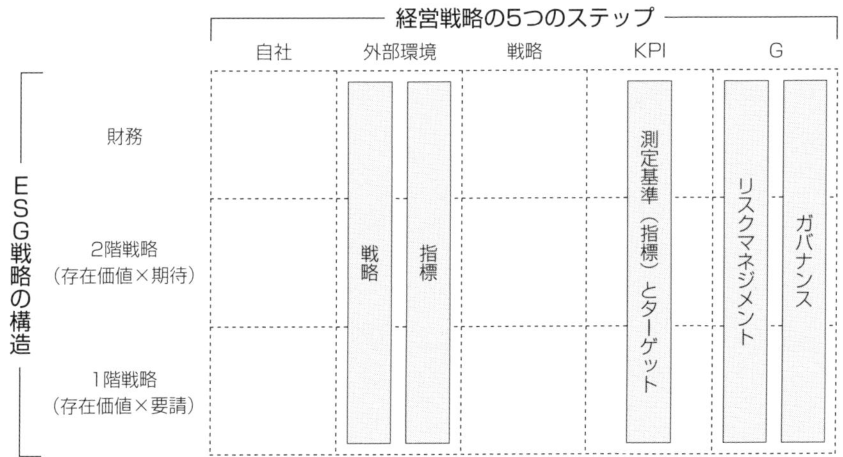

(2) TCFDと縦軸の関係

それでは，図表の縦軸のESG戦略の構造と，TCFDの関係について見ていくことにする。縦方向では，すべての行に該当する開示項目がある。これは，統合報告書に似た構造といえるが，細かな点を見ていくと両者の相違点が見えてくる。

例えば，領域という意味では，統合報告書が網羅的な情報を求めていたのに対し，TCFDでは気候変動のリスクと機会が及ぼす財務への影響の記載のみを求めている。また，報告書の文脈という意味でもサステナビリティ分野は，統合報告書ではインパクト系の文脈で報告するのに対して，TCFDはそれを財務系の文脈で求めている。そのため，図表の形状としては統合報告書に似ているものの，内実としてはまったく異なったガイドラインとなっている。これが，このガイドラインの大きな特徴である。

また，TCFDは気候関連の情報を財務系の文脈により定量化・見える化しているという点では，統合報告書が目指している1つの理想の姿といえる。しかし，TCFDの扱っている領域は気候変動のみであり，ESの幅広い領域すべてを扱っているわけではない。ここも，今後の議論になってくるものと思われる。

さらに，インパクト系の文脈であるGRIスタンダードとの違いについても補足しておきたい。GRIスタンダードでは，“自社が与えるESへのインパクト”として，矢印が企業からESに向いている。一方，TCFDでは“ESが与える自社へのインパクト”として，矢印がESから企業へ逆向きになっている。この矢印の向きの違いも，情報開示ガイドラインをさらに複雑にしている。

(3)　TCFDと横軸の関係

次に，図表の横軸である経営戦略の5つのステップと，TCFDの関係を見ていくことにする。

フレームワークのうち，自社ステップと戦略ステップの列には項目は入っていない。これは，TCFDは気候関連が財務に及ぼす影響を開示するためのガイドラインであることと関係している。つまり，戦略，指標，測定基準（指標）とターゲットとは，リスクは何か，その影響はどれくらいかということである。そして，リスクマネジメント，ガバナンスとはそのマネジメントと監督である。TCFDは，外部環境である気候関連が財務に及ぼす影響を管理・監督し，その内容を明らかにするということなのである。

読者の中には，外部環境の項目なのに，なぜ“戦略”“指標”が入っているのだろうと思われる方がいるかもしれないが，これは単純に名称の問題である。簡単にいえば，ここの“戦略”の中身は機会とリスク，“指標”の中身はマテリアリティである。また，TCFDではシナリオ分析が有名である。シナリオ分析とは，ESG時代のイシューである“CO_2ゼロ・格差ゼロ”の核心部分である気温上昇が1.5℃の場合と4℃の場合の機会とリスクを分析し，財務に及ぼす影響を明らかにすることである。

KPIの測定基準（指標）とターゲットと，Gのリスクマネジメントとガバナンスは，文字どおりである。

6 CGコードの構造

(1) CGコードの構成要素

最後に，CGコードを見ていくことにする。CGコードとは，コーポレートガバナンスの考え方について整理したガイドラインである。他のガイドラインが執行側のガイドラインだったのに対し，CGコードは監督側のガイドラインになる。CGコードの主な構成要素は，図表３－18のとおりである。

図表３－18 CGコードの主な構成要素

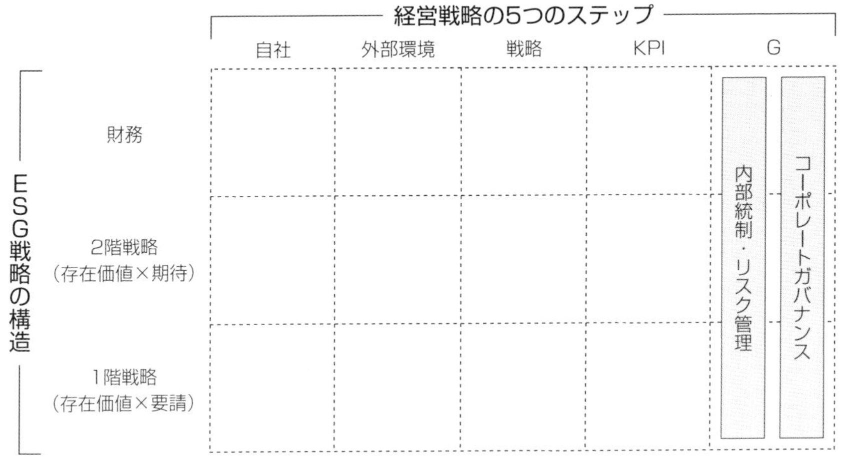

(2) CGコードと縦軸の関係

それでは，図表の縦軸のESG戦略の構造と，CGコードの関係を見ていくことにする。

これを見ると，フレームワークのうち，ほとんどのマス目は空いており右端の列だけに該当している。これは，縦軸の上段の行の財務，中段の行の２階戦略，下段の行の１階戦略について，マネジメント体制とその監督の仕組みを報告することを表している。これが，このガイドラインの大きな特徴である。逆にいえば，それだけここのガバナンスのステップが重要だということである。

組織が，いくら「我々の存在価値は」，「我々の戦略は」といっても，それが実現できるかどうかはわからない，どこにどういうリスクがあるのかも不明でである。その実現性を確認するための項目が，実はここのガバナンスの項目なのである。一言でいえば，自身を客観視する仕組みを持っているかということである。経営の中身はブラックボックスであるが，それを経験則で経営の外形的なたたずまいから推し量ろうということなのではないだろうか。

また，ガバナンスの領域についても，少し補足しておきたい。企業では，これまで財務系の文脈とインパクト系の文脈が別々にマネジメントされるという，いわゆるサイロ構造の期間が長かった。そのため，今でも意外とマネジメント体制や監督の仕組みが，その頃の古い構造のままになっているケースが数多く見受けられる。

IRのマネジメント体制では，内部統制・リスク管理という財務系の文脈に特化した情報開示を行っている。一方，CSRのマネジメント体制では，サステナビリティのマネジメント体制というインパクト系の文脈に特化した情報開示を行っている。その意味では，この財務系の文脈とインパクト系の文脈を一体としてマネジメントし，情報開示をする仕組みは整っていないのではないかと思われる。

当然ながら，ESG時代にはこの２つの領域を，１つのマネジメント体制に統合した仕組みが求められることになる。同様に，コーポレートガバナンスにおいても，財務系の文脈とインパクト系の文脈を統合した監督の仕組みが求められる。

(3)　CGコードと横軸の関係

最後に，図表の横軸である経営戦略の５つのステップと，CGコードの関係を見ていくことにする。こちらも右端のガバナンスの列に該当しているだけなのは一目瞭然である。

左の空いている４つの列とは，経営が行う執行である自社ステップ，外部環境ステップ，戦略ステップ，KPIステップである。ここでは，それらのマネジメントや監督の仕組みについて報告するということである。

7 各情報開示ガイドラインをマネジメントツールに組み込む

(1) 各情報開示ガイドラインのディテールを統合

それでは，ここでこれまで見てきた情報開示ガイドラインの各項目をマネジメントツールに組み込んでみたい。まずは，図表3－19を見てもらいたい。

図表3－19 ESG時代のマネジメントツール

			自社				外部環境		戦略		KPI	
財務		CF	企業理念	サステナビリティ方針	CF・株主構成方針	行動規範			CF長期戦略	CF不確実性	CF長期目標	CF年次報告
		株主構成							株主構成長期戦略	株主構成不確実性	株主構成長期目標	株主構成年次報告
企業価値・左側	2階戦略（存在価値×期待）	既存ビジネス			経営上概念 ブランド・ステイトメント		価値創造のマテリアリティ TCFDのシナリオ分析	ESのマテリアリティ	既存事業長期戦略	既存事業不確実性	既存事業長期目標	既存事業年次報告
		新規ビジネス							新規事業長期戦略	新規事業不確実性	新規事業長期目標	新規事業年次報告
	1階戦略（存在価値×要請）	E			ES方針				Eの長期戦略	Eの不確実性	Eの長期目標	Eの年次報告
		S							Sの長期戦略	Sの不確実性	Sの長期目標	Sの年次報告
企業価値・右側	ガバナンス	マネジメント（執行）			コンプラ・リスク管理方針	マネジメント体制						
		取締役会（監督）		サス方針の決議	CG方針・各方針の決議	行動規範の決議と監督	2つのマテリアリティの監督		長期戦略の決議・監督	不確実性の監督	長期目標の決議・監督	取締役会概況・評価 年次報告の承認

ここでは，前掲図表3－9のESG企業価値評価のメソッドの経営戦略図を，マネジメントツールとして少しアレンジしている。

まず，大きな変更点としては，横軸の経営戦略の5つのステップの右端にあったG（ガバナンス）を，縦軸の一番下の行に移動させている。それにより，ガバナンスが経営戦略の各ステップをどのようにマネジメントし監督するのかがわかる構成となっている。

さらに，細かな変更点としては，縦軸の財務，2階戦略，1階戦略をさらに細かく分解し，それぞれの中に中項目を設定している。

まず，財務は，キャッシュ・フロー（CF）と株主構成に分割し，キャッシュ・フローではお金の流れを，株主構成では資本の構成を設定している。

次に，2階戦略は，既存ビジネスと新規ビジネスに分解し，既存ビジネスでは既存ビジネスのCO_2依存時代からCO_2ゼロ時代への変革を，新規ビジネスでは“CO_2ゼロ・格差ゼロ”時代の新しい社会システムに合った新規事業の創出を把握できる設定にしている。

さらに，1階戦略では，EとSに分割し，いわゆる環境と社会への取り組みを把握できる設定にしている。

最後に，G（ガバナンス）では，執行のマネジメントと監督の取締役会に分割し，執行のマネジメントは内部統制・リスク管理・サステナビリティ体制を，監督の取締役会は経営の監督を把握できる設定にしている。

それでは，このマネジメントツールのフレームワークの中に，コンテンツがどのように配置されているのかについて，横軸の各ステップに沿って詳しく見ていくことにする。

⑵　自社ステップの列のディテール

はじめは，自社ステップの列からである。ここは，企業理念，サステナビリティ方針，各分野別方針，行動規範といった4つのディテールで構成されている。全体の構造としては，GRIスタンダードのところで整理したディテールを踏襲するカタチとなっている。

企業理念は，特に説明は不要であろう。まず，はじめはサステナビリティ方針である。ここは，ESG時代の企業価値創造活動には不可欠な最初の方針といえる。この方針は，かつてのように人間による経済活動が，地球の資源回復能力内に収まっていた時代には必要なかったかもしれない。しかし，現在のようにそれが地球の資源回復能力を遥かに超過してしまっている時代には，人間は自らの価値創造活動のプラス面，マイナス面の両面をマネジメントし，それらを地球の資源回復能力内に抑えていかなければならない。サステナビリティ方針とは，その意思を企業の姿勢・スタンスとして明確に規定する方針となる。そして，Gの行では，この方針を執行が立案し，取締役会が決議するという仕組みとなっている。

次は，各分野別方針である。ここは，サステナビリティ方針をさらに各分野別に細分化した方針となる。

例えば，縦軸の財務の行の方針では株主・投資家に向けた基本的な考え方やスタンスを整理したキャッシュ・フローや株主構成などの方針について整備する。次の2階戦略の行の方針では主に顧客などに向けた基本的な考え方やスタンスとして経営上位概念やブランド・ステイトメントなどを整理した方針について整備する。また，1階戦略の行の方針では環境や社会に向けた基本的な考え方やスタンスを整理した環境・社会関連の方針について整備する。さらに，Gの行ではマネジメントの方針として取引先や従業員に向けた基本的な考え方やスタンスを整理したコンプライアンス・リスク管理関連の方針について，取締役会の方針としては株主・投資家に向けた基本的な考え方やスタンスを整理したコーポレートガバナンスの方針などについて整備することになる。ちなみに，コーポレートガバナンスの方針が，CG報告書の冒頭にある「コーポレートガバナンスの基本的な考え方」となる。そして，Gの行ではここについてもその各分野別方針を執行が立案し，取締役会が決議するという仕組みとなっている。

最後は行動規範である。ここは，これまでのサステナビリティ方針や各分野別方針が会社側の方針であったのに対し，社員側の方針となる。そこには，社員の取るべき行動・姿勢が整理されている。そして，Gの行ではここについても行動規範を執行が立案し，取締役会が決議し監督する仕組みとなっている。

では，これを情報開示の視点から見ると，どのようになるのだろうか。一言でいえば，ここは“パーパス”のエッセンスとなる。GRIスタンダードのところで見てきたように，これまでパーパスは，IRでは経営上位概念，PRではブランド・ステイトメント，CSRでは方針，というように，それぞれにおいてバラバラに語られていた。それを，今回のマネジメントツールでは経営の視点から1つのパーパスとして統合している。そして，情報開示では，今度は逆にここで整理したパーパスを各分野の文脈に従って翻訳し，ステークホルダーと対話することになる。つまり，ここのステップは，各分野の文脈に翻訳される前のパーパスのエッセンスのような内容になると考えられる。

(3) 外部環境ステップの列のディテール

次は，外部環境ステップの列を確認する。ここのディテールとしては，2階戦略と1階戦略の行に，価値創造のマテリアリティ，ESのマテリアリティ，TCFDのシナリオ分析が配置されている。

はじめの2つのマテリアリティの違いは，統合報告書とGRIスタンダードのマテリアリティの考え方の違いである。簡単にいえば，情報開示ガイドラインの2つの文脈，つまり財務系の文脈とインパクト系の文脈の考え方の違いである。統合報告書のマテリアリティは，機会とリスクによる価値創造のマテリアリティであり，いわゆる財務系の文脈となる。一方，GRIスタンダードのマテリアリティは，自社が与えるESへの影響のマテリアリティであり，いわゆるインパクト系の文脈となる。そして，それぞれのマテリアリティは，それぞれの文脈に合わせて使い分けられる。

また，前節のESG企業価値評価のメソッドの経営戦略という意味では，経営戦略の５つのステップは財務系の文脈，外部環境に組み込んだ“社会の期待と要請に応える”はインパクト系の文脈であった。つまり，ESG時代のマネジメントツールには，この２つのマテリアリティが必要ということになる。それが，この価値創造のマテリアリティとESのマテリアリティなのである。

さらに，TCFDのシナリオ分析がある。これは気候関連が財務に及ぼす影響についての分析となる。そして，Gの行ではここについても外部環境分析を執行が行い，取締役会がそれを監督するという仕組みになっている。

情報開示の分野では，GRIスタンダード，統合報告書，TCFDなどは明確にこれらの外部環境分析の開示を求めている。有価証券報告書でも，どの程度記載するかの判断はあるものの，長期経営戦略として視野には入ってくるはずである。さらに，執行面でそれが求められるということは，当然ながらCGコードでもそれが求められることになると思われる。

(4)　戦略ステップの列のディテール

今度は，戦略ステップの列を確認する。ここは，縦軸のESG戦略の構造である財務，２階戦略，１階戦略のすべての行に，長期戦略と不確実性が配置されている。長期戦略とは，ESG時代のイシューである「いかに“CO_2ゼロ・格差ゼロ”に寄与したか」に対する戦略の定性情報のことである。一方，不確実性とは，その長期戦略を実現するうえでの不確実性，あるいはコントロールできないものである。

この長期戦略および不確実性は，縦軸の財務，２階戦略，１階戦略別にそれぞれ立案される。財務の行では，長期のキャッシュ・フローや株主構成といった戦略とその不確実性である。例えば，キャッシュ・フローでは気候変動は資本コストの上昇要因となるためそれらを意識した財務戦略，株主構成では持ち合い株式などについて整備することなどが考えられる。

２階戦略の行は，既存ビジネスや新規ビジネスなどの戦略とその不確実性である。例えば，気候変動の文脈でいえば，既存ビジネスは気温上昇４℃シナリオの戦略，あるいはCO_2依存からの脱却もしくは最悪の場合は撤退の戦略などが考えられる。不確実性については，規制強化や甚大化する自然災害などが該当すると思われる。

一方，新規ビジネスは，気温上昇1.5℃シナリオの戦略，あるいはCO_2ゼロ時代の新規ビジネスの展開などが考えられる。不確実性については，規制強化や資産の座礁（陳腐）化などが該当すると思われる。

TCFDでは，これらが与える財務への影響を開示することになる。また，SDGsの観点からいえば，この後者の1.5℃シナリオの戦略は，社会課題解決の取り組みとなると考えられる。そして，長期戦略では，この２つのビジネスをバランスよく舵取りすることになると思われる。

１階戦略の行は，環境分野や社会分野での長期戦略とその不確実性などである。こちらは，現在行われている一般的なCSR活動が該当する。

そして，Gの行では長期戦略と不確実性を執行が立案し，取締役会がそれを決議し監督するという仕組みになっている。

(5) KPIステップの列のディテール

さらに，KPIステップの列を確認する。ここでも，縦軸のESG戦略の構造である財務，２階戦略，１階戦略のすべての行に，長期目標と年次報告が配置されている。ここのKPIを一言でいえば，戦略の定量情報のことである。

ここの長期目標と年次報告も，戦略ステップの列と同様にそれぞれに立案され年次で報告が行われる。財務の行では，例えばROICやIRR，持ち合い株式の構成などが考えられる。２階戦略の行では，既存ビジネスや新規ビジネスの長期事業目標や事業ポートフォリオ，インパクト評価の長期目標などが考えられる。１階戦略の行では，環境分野や社会分野の長期目標などが考えられる。当然ながら，環境分野のCO_2排出量目標は，最終的にはゼロもしくはマイナスになると思われる。

そして，Gの行では長期目標と年次報告を執行が立案・報告し，取締役会がそれを決議し承認するという仕組みになっている。

(6) ガバナンスの行のディテール

最後は，列ではないがガバナンスの行についても，もう一度確認しておく。

ガバナンスは，マネジメントツールでは縦軸の一番下の行に配置している。

ガバナンスは，大きく2つの異なった要素から構成されていた。1つは経営が行う執行のマネジメント体制，もう1つは取締役会が行う経営の監督である。

まずは，執行のマネジメント体制から見ていきたい。ここでは，まず自社ステップにおいて，企業理念やサステナビリティ方針のもと，各分野別の方針として取引先や従業員に向けた基本的な考え方やスタンスを整理したコンプライアンス，リスク管理関連の方針を整備する。そして，経営戦略のステップのすべてをマネジメントするための組織整備として，マネジメント体制を整備する。

このマネジメント体制とは，財務，2階戦略，1階戦略といった企業活動のすべてを一体としてマネジメントする体制のことである。従来は，ここがIRの内部統制，リスク管理，CSRのCSRマネジメント体制としてバラバラになっていた。今回のマネジメントツールでは，そのマネジメント体制も一体として整備している。

次は，監督の取締役会を見ていく。はじめは自社のステップからである。そこには，経営理念，サステナビリティ方針，各分野別の方針，行動規範の4つが縦の列として配置されている。これらのディテールは，すべて経営上の重要事項ばかりである。当然ながら，それらの項目は取締役会の決議事項になるため，取締役会はそれらを決議する。

各分野別の方針の列では，取締役会自身の方針も必要となってくる。そのため，株主・投資家に向けた基本的な考え方やスタンスを整理したコーポレートガバナンスの方針を整備し決議することになる。ここのコーポレートガバナンスの方針が，CG報告書の“コーポレートガバナンスの基本的な考え方”になるのである。そして，最後の行動規範の列では，行動規範やマネジメント体制の決議を行うとともに，実際に企業活動の中で各方針および行動規範が守られているかどうかを監督することになる。

さらに，外部環境ステップのマテリアリティ，戦略ステップの長期戦略や不確実性，KPIステップの長期目標や年次報告も，経営の重要事項として取締役会の決議となる。このため，取締役会はそれらを決議し監督することになる。

また，取締役会は年一回，自身についても評価を行わなければならない。ただし，ここでいう取締役会評価とは，取締役会のPDCAを回すことではない。取締役会のあるべき姿についての議論を行うということである。

(7) マネジメントツールと情報開示ガイドラインの2つの文脈

それでは，最後にマネジメントツールと，前章の情報開示ガイドラインの財務系とインパクト系の2つの文脈との関係について整理しておきたい。まずは，図表3－20を見てほしい。

図表3－20 マネジメントツールと情報開示の2つの文脈の関係

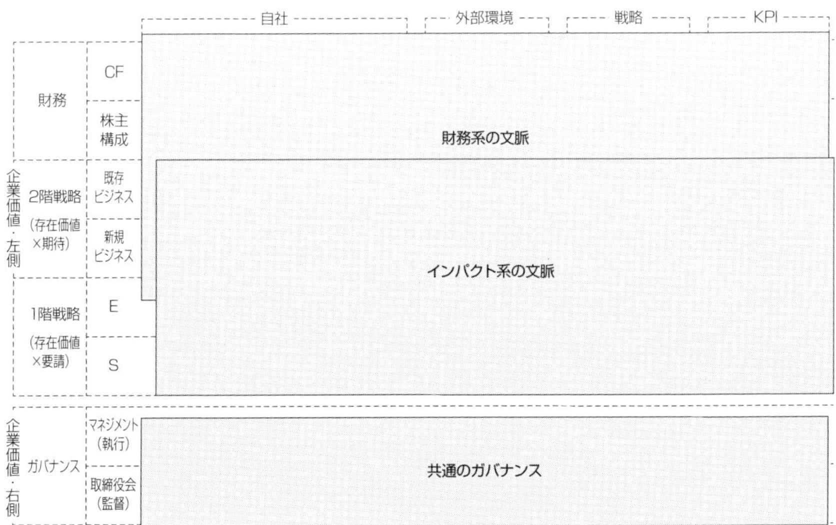

ここでは，マネジメントツールの上に，3つの四角が重なっている。この3つの四角が，財務系とインパクト系の2つの文脈を表している。3つの四角と2つの文脈では数が合わないと思われるかもしれないが大丈夫である。

それでは，上から見ていくことにする。まず，はじめの財務系の四角は，マネジメントツールの縦軸の財務，2階戦略，1階戦略の行の一部（コンプライアンス）に位置している。一方，インパクト系の四角は，2階戦略，1階戦略の行に位置している。では，3つ目の四角は何なのだろうか。これは，財務系とインパクト系の2つに共通するガバナンスの四角である。つまり，財務系の文脈とは“財務系の四角＋ガバナンスの四角”，インパクト系の文脈とは“インパクト系の四角＋ガバナンスの四角”ということになる。

さらに，詳しく見ていくと，マネジメントツールの2階戦略の行には，財務系の文脈とインパクト系の文脈の2つが重なっている。これは，2階戦略の行が，財務系の文脈とインパクト系の文脈の２つで説明しなければならないことを意味している。財務系では経済価値のKPI，インパクト系ではインパクト評価のKPIで説明するということになる。

(8) まとめ

以上が，筆者が考えるESG戦略を管理する“マネジメントツール”の提案である。では，最後に本章のここまでの内容をもう一度整理しておきたい。

1では「そもそもESGと企業価値との関係はどのようになっているのか」について整理してきた。そこではESG時代の戦略について，ESG企業価値評価のメソッドの２階建戦略“社会の期待と要請に応える”としてまとめていた。そして，２階建戦略の１階は“自社の強みを活かして社会の要請に応える”活動，２階は“自社の強みを活かして社会の期待に応える”活動となっていた。

また，そのメソッドとESG時代のイシューの関係では，その２階建戦略“社会の期待と要請に応える”に，“CO_2ゼロ・格差ゼロ”がそのまま代入されるカタチとなっていた。つまり，２階建戦略“社会の期待と要請に応える”が，２階建戦略“CO_2ゼロ・格差ゼロ”になるということである。

さらに，ESG時代では，企業がビジネス活動を行ううえで“制約”というものがあった。まずは，市場へ参加するための参加資格として“規定演技”をクリアしなければならない。そして，そのうえで市場での加点ポイントの“自由演技”となる。“規定演技”とは，１階戦略“自社の強みを活かして社会の要請に応える”であり，自社のビジネス活動の中から生じる“CO_2・格差”をゼロに抑えていく活動である。“自由演技”とは，２階戦略“自社の強みを活かして社会の期待に応える”であり，企業の強みであるイノベーション力を活かして“CO_2ゼロ・格差ゼロ”の課題に取り組む活動のことであった。

そして，このESGの２階建戦略“CO_2ゼロ・格差ゼロ”を正しく実践することが，本章の冒頭にあった「ESG時代に競争優位を構築するためのESG戦略とはどういうものなのか」の回答となる。

また，メソッドと情報開示ガイドラインの財務系とインパクト系の２つの文脈との関係についても整理した。メソッドでは，経営戦略図の５つのステップそのものが財務系の文脈，外部環境に組み込んだ“社会の期待と要請に応える”がインパクト系の文脈となっていた。そして，メソッドではその２つの文脈を“機会＝期待”“リスク＝要請”でつなぎ，１つの戦略として統合していた。さらに，ESG時代のイシューである“CO_2ゼロ・格差ゼロ”は，その“社会の期待と要請に応える”そのものであった。そのため“CO_2ゼロ・格差ゼロ”は，そのままインパクト系の文脈となっていた。

さらに，これらのESGの2階建戦略の1階は自社のビジネス活動の中から生じる“CO_2・格差”をゼロに抑えていく活動，2階は企業の強みであるイノベーション力を活かして“CO_2ゼロ・格差ゼロ”の課題に取り組む活動となっていた。つまり，1階も2階も，論点は“CO_2ゼロ・格差ゼロ”でありインパクト系の文脈となる。すなわち，ESG時代のビジネスとは，いかに上手にインパクト系の文脈でステークホルダーと対話できるかということになる。

しかし，その“CO_2ゼロ・格差ゼロ”のインパクト系の文脈は，旧来型のマネジメントにはビルトインされていなかった。それをマネジメントするためには，そのインパクト系の文脈が組み込まれた新しいマネジメントツールが必要になってくる。そこで提案したのが，本節のESG戦略を管理する“マネジメントツール”であった。

ESG時代のマネジメントツールでは，前節のメソッドをベースに，主要な情報開示ガイドラインから抽出したESG戦略に必要な財務系とインパクト系の2つの文脈のディテールを組み込み，ESG時代のマネジメントツールとして整理した。これにより，マネジメントツールでは，財務系とインパクト系の2つの文脈を1枚のワークシートとして全体像を俯瞰して管理できるようになる。

さらに，このマネジメントツールを整えることで，情報開示面においても，それに必要なエビデンスが同時に整えられる仕組みになっていた。つまり，マネジメントツールを整理することで，マネジメントの管理と情報開示のエビデンスの収集を同時に実現することができるのである。

以上が，本章のESG戦略を管理する“マネジメントツール”の主な内容である。ここまでで，ESG時代の情報開示に必要なESG戦略と，財務系とインパクト系の2つの文脈のエビデンスが整理できた。あとは，1階戦略と2階戦略のそれぞれの“CO_2ゼロ・格差ゼロ”について，財務系の文脈とインパクト系の文脈を使って，いかに上手にステークホルダーと対話できるかである。

次章では，本章で整理してきた財務系とインパクト系の2つの文脈のエビデンスを使って，ESG時代に競争優位を構築するための効率的かつ効果的な情報開示戦略とはどういうものかについて見ていくことにする。

第4章

情報開示を最適化する“情報開示戦略”

1　組織とステークホルダーの対話の現状
2　対話をする人と情報開示ガイドライン
3　対話のツールとその特性
4　情報開示戦略

1　組織とステークホルダーの対話の現状

(1)　情報開示全体の戦略という考え方

本章では，いよいよ本書のテーマである情報開示の戦略について提案していきたい。ここは，本書のESGの情報開示の中で，最も大切な柱となっている。

さて，読者の方には，情報開示戦略という言葉を見て「報告書の戦略？」と思われた方も多いのではないだろうか。本章で説明する情報開示戦略は，残念ながら報告書の戦略とイコールではない。複数の報告書やWebなどのツールを合わせた情報開示全体をどのように設計するのかという報告書の外側の議論である。これは，報告書の中身の議論に入る前に考えておかなければならない。

筆者は，これまでさまざまな方と話をしていて，報告書の中身の議論はよく耳にするが，情報開示全体の戦略をどうするかという報告書の外側の議論については，あまり聞いたことがない。筆者は，現在の職種に就く前は，コミュニケーション業に従事していたため，情報開示全体の戦略を考えることは，ある意味で当たり前のことであった。しかし，現在の職種に就いて，それが意外とレアケースであるということがわかった。報告書の中身の議論も重要だが，報告書の外側の情報開示全体の戦略の議論はもっと重要である。したがって，本章では，この情報開示全体の戦略から整理していくことにする。

情報開示戦略とは，企業が発行するさまざまな報告書およびツールを使って，ステークホルダーとどのように対話を行うかという情報開示全体の戦略の整理である。具体的には，ESG時代のイシューである“CO_2ゼロ・格差ゼロ”の競争優位を構築するための効率的かつ効果的な情報開示とはどういうものなのかという議論である。

ここでは，組織とステークホルダーの対話の現状，さまざまな情報開示ガイドラインの文脈，対話ツールの特性などについて図表を使って整理し，情報開示戦略としてまとめていく。さらに，第３章で整理した情報開示ガイドラインの財務系とインパクト系の２つの文脈との関係についても整理する。それにより，各報告書およびツールの役割や連携が明らかになり，その結果，報告書およびツール全体のムリ・ムラ・ムダがなくなり，効率的かつ効果的な情報開示が実現できる。

では，前章のマネジメントツールをベースに，複数の報告書やWebなどのツールを合わせた情報開示全体の戦略について提案したい。

(2) 情報開示の役割分担

まず，情報開示の役割分担の現状について，前章の筆者のメソッドと国内の先進的企業の企業価値図を使って確認したい。図表4－1を見てほしい。上段が国内の先進的企業の事例，下段は筆者のメソッドである。横方向には，右端が前章で整理した企業価値図であり，企業価値創造活動の全体情報を求める人とESG担当者の対話の内容を表している。そして，その左にある3つが企業価値図の左側の執行部分を対話別に分解したもの，つまり財務情報を求める人とIR担当者の対話，公益性情報を求める人とPR担当者の対話，サステナビリティ情報を求める人とCSR担当者の対話の内容である。

図表4－1　情報開示の役割分担の比較

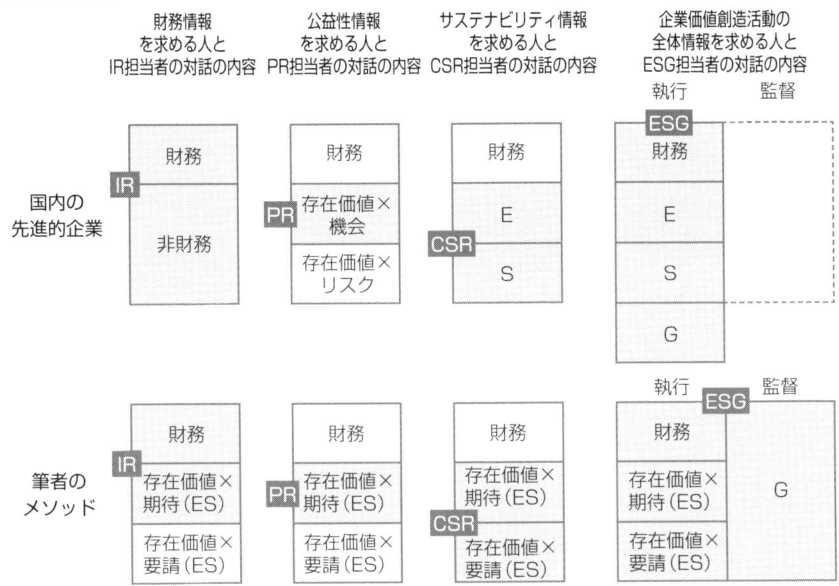

これを見ると，まず右端の企業価値図の構造自体が異なっている。これについては，前章のESG企業価値評価のメソッドで述べているため（第3章1(6)ESG企業価値評価のあるべき姿と現状（36頁）参照），ここでの説明は省略する。この企業価値図について，国内の先進的企業では，左側の執行は，上から

財務・E・S・G，右側の監督はない。一方，筆者のメソッドでは，左側の執行は，財務・存在価値×期待としてのES・存在価値×要請としてのES，右側は監督のGとなっている。

これが，財務情報の対話ではどうなるのか。国内の先進的企業は，財務と非財務の対話となっている。それに対し，筆者のメソッドでは，財務と存在価値×期待としてのESの対話となっている。次に，公益性情報の対話ではどうか。国内の先進的企業は存在価値×機会の対話であり，筆者のメソッドでは存在価値×期待としてのESの対話となる。最後に，サステナビリティ情報の対話ではどうか。国内の先進的企業はEとSの対話であり，筆者のメソッドでは存在価値×期待としてのESと存在価値×要請としてのESの対話となっている。

これらの個別の情報開示では一見，両者はあまり変わらないと思われるかもしれない。しかし，情報開示の全体像から見ると，国内の先進的企業は企業価値の説明という意味では，財務情報，公益性情報，サステナビリティ情報の情報開示のディテールと役割分担が，右端の企業価値創造活動の全体情報と一致していない。一方の筆者のメソッドでは，それらが完全に一致している。

(3) 情報開示は役割分担と連携が大切

読者の中には財務情報，公益性情報，サステナビリティ情報，企業価値創造活動の全体情報の開示は別々に行われるため，ディテールや役割分担が少々一致していなくてもよいではないかと思われる方もいるかもしれない。

しかし，筆者はESG時代には，その役割分担と連携こそがとても重要であると考えている。確かに情報開示は，各分野で別々に行われるかもしれない。しかし，情報を受け取る側の文脈は，決してそのようにはなっていないと思われる。

例えば，これまでの購買行動では，消費者は自分がほしいと思うモノを購入していた。しかし，現在は従来に比べモノが溢れており，モノを購入しても幸福感を得られない時代となってきている。中でもミレニアル世代やZ世代などの購買行動は，モノからコトへと移っている。さらに，彼らはサステナビリティへの意識が高い世代ともいわれており，彼らにとって最も大切なコトとは，ESへの取り組みであり，ビジョンへの共感ともいわれている。ESの取り組みとはサステナビリティ活動，ビジョンとはESG戦略である。つまり，彼らの購買行動のポイントは，サステナビリティ情報でありESG情報ということになる。

これまで，企業は商品・サービスを消費者に選んでもらうために，公益性情報を発信していた。しかし，これからのESG時代では，企業は商品・サービスを消費者に選んでもらうためには，公益性情報とともにサステナビリティ情報やESG情報を発信しなければならない。

例えば，仮にPR担当者が商品・サービスのプロモーションで，SDGsを使って廃プラ問題やCO_2削減の取り組みを積極的にアピールしていたとする。しかし，ホームページのサステナビリティ情報サイトにおいて，国連グローバルコンパクトへの署名や，CO_2排出量や廃棄物などの情報開示が行われていなかったとすると，彼らはどのように思うだろうか。共感どころか，むしろ憤りを覚えるのではないだろうか。いわゆるSDGsウォッシュである。もしも，それがSNSなどで炎上にでもなれば，「ESG時代に競争優位を構築する」どころではない。市場から退場しなければならなくなってしまう。

話を戻すと，目的は「ESG時代に競争優位を構築するための効率的かつ効果的な情報開示戦略」である。サステナビリティ情報やESG情報をしっかり開示することにより，時代から共感され支持されることである。そのためには，まずはESG戦略の全体像をIR・PR・CSR・ESG担当者でしっかりと共有・役割分担し，連携しなければならない。

次節ではその役割分担と連携を明確にするために，情報を求める人と求められる人，そして情報開示ガイドラインの関係について整理する。

2　対話をする人と情報開示ガイドライン

(1)　情報を求める人と求められる人

それでは，情報開示全体の戦略を考える前に，まずは基本的な対話をする人と情報開示ガイドラインの関係から整理したい。対話をする人には，情報を求める人と求められる人がいる。そして，その対話にはそれぞれの分野にそれぞれの情報開示ガイドラインがある。まずは，その関係から整理していく。図表4－2を見てほしい。

図表4－2 対話をする人と情報開示ガイドラインの関係

公益性情報を求める人	サステナビリティ情報を求める人	企業価値創造活動の全体情報を求める人	財務情報を求める人
	GRIスタンダード		
		統合報告書	統合報告書
	SASBスタンダード	SASBスタンダード	
		CGコード	CGコード
SDGs		SDGs	
		TCFD	
		有価証券報告書	有価証券報告書
		ESG評価	
PR担当	CSR担当	ESG担当	IR担当

情報を求められる人

ここでは，上から情報を求める人，情報開示ガイドライン，情報を求められる人となっている。上部の情報を求める人とは，外側から企業に情報を求める人である。左から公益性情報を求める人，サステナビリティ情報を求める人，企業価値創造活動の全体情報を求める人，財務情報を求める人となっている。公益性情報を求める人というのは，主に顧客，メディア，取引先などである。サステナビリティ情報を求める人としては，主にNGOやNPOが有名だが顧客，取引先，従業員とその家族，地域，環境，株主などのすべてのステークホルダーが該当する。企業価値創造活動の全体情報を求める人とは，主にESG投資家，ESG評価機関などである。最近では，リクルーターたちの存在も知られてきている。財務情報を求める人とは，主に株主，投資家などである。

それに対し，下部の情報を求められる人とは，企業の内側にいて外部から情報を求められる人である。公益性情報を求められる人にはPR担当者，サステナビリティ情報を求められる人にはCSR担当者，企業価値創造活動の全体情報を求められる人にはESG担当者が該当する。国内の場合は，企業価値創造活動の全体情報をIR担当者が対応するケースが多いかもしれないが，海外では取締役会事務局が対応している。そして，最後の財務情報を求められる人には，IR担当者が対応している。

⑵　公益性情報の情報開示ガイドライン

では，それぞれの情報と情報開示ガイドラインの関係を見ていく。まずは，公益性情報の対話からである。

公益性情報のガイドラインとしては，インパクト系の文脈のSDGsが該当する。SDGsは，厳密にいえば情報開示ガイドラインではないが，ESG時代の大切な文脈の１つである。SDGsの文脈は「企業の強みを活かして社会課題を解決してほしい」ということである。つまり，企業にとってはアピールポイントの訴求ということになる。ESG戦略でいえば，２階戦略の企業の強みであるイノベーション力を活かして“CO_2ゼロ・格差ゼロ”の課題に取り組む活動にあたる。

しかし，そのアピールを行うためには，消費者市民社会への参加資格を取得しなければならない。消費者市民社会への参加資格とは“企業が与えるESへの影響”を抑える取り組みのこと，つまり１階戦略の活動をしっかりやるということである。なぜなら，少しくらい良いことをしたとしても，それ以上に迷惑をかけていれば，消費者市民社会からは「出て行ってくれ！」と言われてしまうからである。ご近所付き合いと同じである。つまり，１階戦略の活動という“ご近所付き合い”ができない企業に，SDGsを語る資格はないということである。

PR担当者は，こうした公益性情報を求める人の背景にあるSDGsの文脈を理解したうえで，ステークホルダーと対話をしなければならない。ここの文脈を間違えると，これまで築いてきた存在価値や信頼関係を一瞬で失う恐れがある。いわゆる“SDGsウォッシュ”である。PR担当者は，そうした文脈を理解したうえで，訴求しなければならない。

(3) サステナビリティ情報の情報開示ガイドライン

次は，サステナビリティ情報の対話である。サステナビリティ情報のガイドラインもインパクト系の文脈である。ここには，GRIスタンダードとSASBスタンダードが該当する。こちらの２つのスタンダードの文脈は，一言でいえば「企業が与えるESへの影響」である。ESG戦略でいえば，１階戦略の自社がビジネス活動の中で排出する“CO_2・格差”をゼロに抑えていく活動にあたる。

CSR担当者は，この２つのスタンダードに則ってサステナビリティ活動を行い，毎年報告することになる。それにより，サステナビリティ情報を求める人との関係は良好となる。さらに，その取り組みは，同時にPR担当者の消費者市民社会への参加資格となっている。

この効果はESG担当者やIR担当者の分野においても同様である。例えば，ESG評価機関への対応やESG投資家との対話においても，１階戦略の取り組みは，資本市場への参加資格となる。こうして見ると，CSR担当者の活動は，PR・ESG・IR担当者の活動のすべてを下支えしているといえるのではないだろうか。

また，情報開示ガイドラインを見ると，GRIスタンダード自体はその他の情報開示ガイドラインのインパクト系の文脈の基盤ともいえる文脈になっている。前掲図表４－２では，GRIスタンダードは直接的にはサステナビリティ情報を求める人との対話の文脈としているが，実質的にはすべての対話のインパクト系の文脈の基盤ともいえる存在なのかもしれない。

ESG時代において，このGRIスタンダードの文脈は，ESGの２階建戦略“CO_2ゼロ・格差ゼロ”の文脈として，すべての企業価値創造活動および情報開示において重要な役割を果たしている。その意味では，CSR担当者もすべての企業価値創造活動および情報開示において，重要な役割を果たさなければならなくなる。

(4) 企業価値創造活動の全体情報の情報開示ガイドライン

次は，企業価値創造活動の全体情報の対話である。この情報のガイドラインの数はとても多い。公益性情報やサステナビリティ情報のガイドラインが１～２つだったのに対し，こちらには７つものガイドラインが該当している。具体的には，統合報告書，SASBスタンダード，CGコード，SDGs，TCFD，有価証券報告書，ESG評価などである。ここでは，財務系の文脈とインパクト系の文脈の両方をカバーすることになる。ESG戦略という意味では，１階戦略と２階戦略のすべてが該当する。

これらの文脈を一言で表すと，「ESG時代の企業価値の創造活動を説明してほしい」となるが，その領域があまりにも広すぎて，各ガイドラインはESG時代の企業価値の創造活動を表しきれていないというのが実態ではないだろうか。ESG時代とは“CO_2ゼロ・格差ゼロ”の時代である。それは，誰も経験したことがない，まだ誰も想像ができない時代である。その意味では，情報開示ガイドライン自体もESG時代に適した企業報告というものについて，まだまだ試行錯誤している段階である。

情報開示ガイドラインが試行錯誤の段階となれば，大変なのはESG担当者である。やらなければならないというプレッシャーだけはあるものの，どうやるかは自分で考えなければならない。しかも，静かには考えさせてはもらえない。毎年のように，何らかのガイドラインで「このような論点はどうだろうか」と提案が出てくるのである。

さらに，悩ましいのは，PR・CSR・IR担当者は，ある意味で特定の分野をカバーすればよかったのに対し，ESG担当者はそれらの各分野を統合し，全体最適を考えなければならないのである。

CSR担当者が縁の下の力持ちとすれば，ESG担当者はさまざまな分野の職人さんをまとめる現場監督のような役割になるのかもしれない。

(5) 財務情報の情報開示ガイドライン

最後は，財務情報の対話である。財務情報のガイドラインは，有価証券報告書が該当する。有価証券報告書は，財務系の文脈そのものである。ESG戦略でいうならば，２階戦略の財務報告といったところだろうか。

ただし，2019年の改正以降は情報内容の時間軸が変わった。有価証券報告書は長い間，財務面の年次報告として開示項目が細部までガチガチに決められているハードローの法定開示だった。それが改正により，ソフトローによる長期の経営戦略が拡充されることになった。長期の戦略が拡充されるということは，ESGが加味されるということである。ESGが加味されるということは，統合報告書やCGコードなどの情報開示ガイドラインの文脈も踏まえる必要があるということである。そのため，前掲図表4－2には，財務情報を求める人の列にこの2つの情報開示ガイドラインも含めている。

有価証券報告書の記載にあたって統合報告書やCGコードを踏まえることになると，今度はIR担当者が大変になってくる。単純に時間軸が長くなるというだけではない。有価証券報告書にESG情報を拡充するということは，統合報告書やCG報告書との境界線が曖昧になるという新たな課題も出てくることになる。特に，国内のようにIR担当者がESGの領域も対応するといったケースでは，なおさらである。

まずは，ESG担当者の企業価値創造活動の全体情報の対話と，IR担当者の財務情報の対話をどのように定義するか。そのうえで，報告書の役割分担をどうするかなどについて整理する必要があると思われる。

3　対話のツールとその特性

(1)　コミュニケーションの3つのステップ

次に，対話に必要なツールの特性について整理したい。対話にはさまざまな種類があるように，そこで使われるツールにもさまざまな種類がある。まずは，図表4－3を見てほしい。

図表4－3　対話のツールとその特性

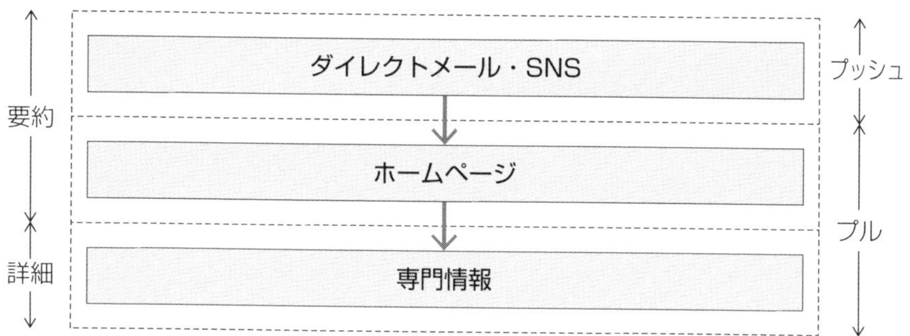

この図表では簡単なコミュニケーションのステップを表している。はじめのステップはダイレクトメール・SNS，次のステップはホームページ，最後のステップは専門情報である。

企業が情報開示を行っても，情報ユーザーにそのことを知らせなければ見てもらえない。したがって，企業ははじめに情報開示を行ったことを情報ユーザーに知らせなければならない。そのためには，最初に相手のところへ出向いていって知らせるツールが必要になる。そのステップがダイレクトメール，SNSである。これがコミュニケーションの最初のアクションである。

次のステップは，情報ユーザー側のアクションである。情報ユーザーは企業の情報開示を知ると，その内容を確認するために，彼らのほうからアクションを起こしてくる。そのため，企業側はそのアクションに対応するために，情報ユーザーが求める情報をあらかじめホームページに用意しておかなければならない。これが2つ目のアクションである。

最後のステップも情報ユーザー側のアクションである。ホームページを確認した情報ユーザーは，もっと詳しく知りたい場合は専門情報へ，自分には必要がないと思った場合はその場で離脱する。企業側は，もっと詳しく知りたいと思う情報ユーザーのために，彼らが求める専門情報をあらかじめホームページに用意しておかなければならない。これが３つ目のアクションである。

このように書くと，「そんなこと，当たり前だ。」と思われるかもしれないが，その当たり前が意外とできていないのである。

⑵ プッシュ型とプル型

ここからは，いくつかのコミュニケーションの留意点について整理しておく。まずは，「プッシュ型」と「プル型」という言葉からである。

プッシュ型とはこちら側から相手先に出向いていって情報を届ける方法であり，プル型とは相手側からこちら側に情報を取りにきてもらう方法である。例えば，プッシュ型のメディアにはダイレクトメールやSNS，TVCMなどがあり，プル型にはホームページなどがある。

そのため，プッシュ型とプル型では情報提供の文脈が違ってくる。プッシュ型の情報提供では，こちら側が相手先に出向いていって情報を届けるため，自ずとこちら側の文脈で説明することになる。逆に，プル型の情報提供は相手側からこちら側に取りにきてもらうため，相手側の文脈で対応することになる。

⑶ 要約情報と詳細情報

次は，要約情報と詳細情報である。例えば，先述のプッシュ型のダイレクトメールやSNS，TVCMなどのメディアは，こちら側の都合で送るものであり，相手側の都合は加味していない。相手が望んでいない情報の場合は，一言でいえば迷惑でしかない。そのため，プッシュ型の情報は簡潔に短時間で要点だけを伝える要約情報になっていることが多い。

一方，詳細情報は，ある特定分野についての詳しい情報である。例えば，CSR分野の気候変動に関する情報やIR分野の財務情報など，詳しく深掘りしたい人にとっては必要な情報である。こうした専門的な詳細情報は，ホームページなどにPDFファイルとして保管されており，必要な人が必要な時に自由にダウンロードできる仕組みになっていることが多い。

⑷ 全体像の情報と個別の専門情報

さらに，全体像の情報と個別の専門情報である。これは，情報の受け手が，簡潔に全体像をつかみたいという人と，もっと詳しく特定分野を深掘りしたいという人との違いである。例えば，相手側からこちら側に情報を取りにきてもらうホームページなどでは，この２つの要素が求められる。まず，初めてホームページに訪れた人は，簡潔に全体像を把握したいと考えるに違いない。一方，すでに全体像については把握している人は，自分が求めている特定分野の専門情報にダイレクトに訪れたいと考える。また，職種や担当する分野によっても，情報ニーズはそれぞれ違っていると思われる。

コミュニケーションは，こうしたプッシュ型がよいのかプル型がよいのか，もしくは要約情報がよいのか詳細情報がよいのか，あるいは全体像の情報を求めているのか特定分野の専門情報を求めているのかなどを組み合わせて，総合的に考えなければならない。

⑸　新しいメディアへの対応

最後は，新しいメディアへの対応である。例えば，現在では，社会に広く浸透しているSNSなどがこれにあたる。ここでは，メディアの費用対効果とメディア使用のリスクの２点について触れておきたい。

メディアの費用対効果については，SNSが社会に広く浸透しているといっても，それぞれのアプリケーションには特徴があり，ユーザー特性についてもそれぞれ個性が分かれている。企業報告は，基本的にはすべてのステークホルダーを対象としているため，ベーシックなHTMLもしくはPDFファイルが“must”である。そのうえで，自社のステークホルダーの属性と照らし合わせて親和性があるSNSがあれば，時代に合わせて“more”のコミュニケーション・ツールとして活用すべきである。

次に，メディア使用のリスクである。SNSは，とてもパーソナルなツールであり，その使われている空間はルールが整備されている環境とは言い難い状態である。個人間のトラブルは個人の問題で済むが，これが対企業となると話は別である。トラブルによる炎上は，企業にとって大きなリスクになるかもしれないからである。活用する際は，しっかりと社内で運用ルールを決めておかなければならない。このように書くと，筆者は新しいメディアの活用に関して消極的な立場と思われるかもしれないが，そんなことはない。むしろ，積極的に活用する側の立場である。

4　情報開示戦略

(1)　情報開示戦略の全体像

ここからは，これまで見てきた情報を求める人と求められる人，情報開示ガイドライン，対話のツールとその特性を踏まえて，ESG時代の情報開示戦略を提案したい。図表4－4は，筆者の考える情報開示戦略である。

図表4－4　ESG時代の情報開示戦略

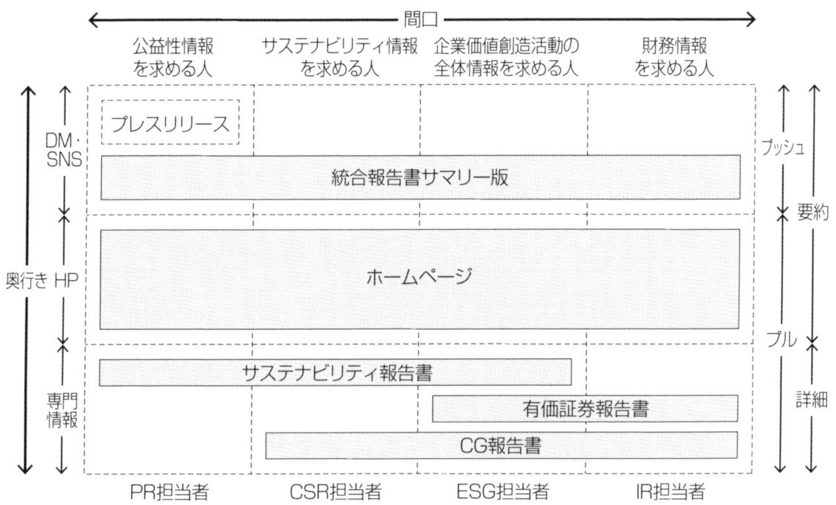

この図表の横軸は前掲図表4－2の対話をする人と情報開示ガイドラインの関係と同様である。一方，縦軸は前掲図表4－3の対話のツールとその特性と同様である。そこに，該当する報告書およびツールを配置している。ここでは，このフレームワークを使って，筆者の考えるESG時代の情報開示戦略を説明していく。

まず，はじめにこのフレームワークの全体像は，1つの店舗をイメージしてもらえれば，わかりやすいのではないだろうか。このフレームワークの横軸は“店舗の間口”，縦軸は“店舗の奥行き”である。

“店舗の間口”では，お客様である情報を求める人の種類別に，それぞれの商品棚が用意されている。公益性情報を求める人，サステナビリティ情報を求める人，企業価値創造活動の全体情報を求める人，財務情報を求める人の４つである。

一方，奥行きでは，お客様と店舗の対話の流れ，対話の場所や方法が設計されている。ダイレクトメールは店舗でいえば，朝に新聞と一緒に届くスーパーのチラシ，あるいは店頭のノボリのようなものである。

中に入ると，お目当ての商品が置いてある売り場がどこにあるのかを確認しなければならない。そのため，店舗の入り口には案内カウンターが必要になってくる。それが，ホームページである。そして，お客様が売り場に来ると，今度はその中からお目当ての商品が見つけやすく，取りやすく棚に陳列されていなければならない。その棚に陳列されている商品が専門情報である。これらの横軸と縦軸の連携がうまく機能することによって，お客様側は満足し，店舗側の商売も繁盛するのである。

この“店舗の間口”と“店舗の奥行き”をベースに，各報告書やホームページなどの各種ツールを配置したものが，図表４－４となる。それでは，戦略の中での各種ツールのそれぞれの役割と連携について見ていくことにする。

⑵　統合報告書サマリー版（狭義の統合報告書）

はじめは，上段にある統合報告書サマリー版である。統合報告書サマリー版と聞いて「おやっ？」と思われた方が多いのではないだろうか。通常であれば“統合報告書”である。それが，筆者のESG時代の情報開示戦略では“統合報告書サマリー版”となっている。ここでは，はじめに筆者の考える“統合報告書観”について見たうえで，統合報告書サマリー版の説明をしたい。

まずは，筆者の考える“統合報告書観”である。現在，国内で統合報告書を発刊している会社は約500社であるといわれている。その約500社の統合報告書は，前掲図表４－４の情報開示戦略図にプロットすると，どこに該当するだろうか。上段のダイレクトメール・SNSだろうか。中段のホームページだろうか。下段の専門情報だろうか。ポイントは，要点を簡潔に伝えるのか，詳細を詳しく伝えるのかである。その意味では，一般的な統合報告書は，詳細を詳しく伝える下段の専門情報にあたると考えられる。

それに対し，筆者の考える“統合報告書観”では，統合報告書を上段のダイレクトメール・SNSに位置付けている。これに関してはさまざまな考え方があると思うが，ここではあえて本書のテーマである情報開示全体の最適化という視点から，私見を述べたい。

まず，統合報告書が，すべてのステークホルダーに対して企業価値創造活動の全体像を説明する年次報告書であることは，誰も異論はないのではないだろうか。違いが出てくるとすれば，要点を簡潔に伝えるのか，もしくは詳細を詳しく伝えるのかということである。結論からいえば，筆者は統合報告書を上段の要点を簡潔に伝えるダイレクトメール・SNSに位置付けている。その理由は，次の２点である。

１つ目は，すべてのステークホルダーに対し，簡潔に全体像の情報を伝えることを最重要視しているということである。それは，ステークホルダーのすべてが，詳細な情報を求めているわけではないからである。簡潔に要点だけを知りたいという人もいれば，詳しい詳細情報を知りたいという人もいるが，筆者の肌感覚でいえば，全体像の情報を知りたいという人のうち圧倒的多数が，簡潔に要点だけを知りたいと考えている。また，詳細情報を知りたい人は，すべての情報を詳しく知りたいのではなく，ある特定の専門分野についてのみ詳しく知りたいと考えている。その意味では，まず全体像の情報については，要点を簡潔に伝えることを最優先させた。

２つ目の理由は，ツール全体で最適化を考えれば，よりメリハリを利かせることが可能となるということである。全体像の情報は簡潔に，特定の専門分野の情報は詳細にという情報ニーズを考えれば，全体像の情報はシンプルにサマリー化，特定の専門分野はより専門化を行ったほうが，情報を求める人にとっては利便性が向上する。

例えば，有価証券報告書などは2019年の改正以降，長期的な経営戦略を記載する方向に向かっている。いわゆる有価証券報告書の統合報告書化である。そうすると，従来の詳細を詳しく伝える統合報告書では，役割が重複してしまう恐れがある。それらを，情報ユーザー側の利便性，企業側の効率性などの観点から最適化すると，詳細を詳しく伝える役割は専門情報の有価証券報告書に一本化し，要点を簡潔に伝える役割は「統合報告書サマリー版」にもたせたほうが，情報開示全体のパフォーマンスは向上する。

余談だが，筆者は国際統合報告フレームワーク（IIRCの統合報告の手引き）に書かれている総合性や網羅性，簡潔性などの要件，いわゆる要約と詳細を１冊の報告書の中で満たすことは不可能ではないかと考えている。それを実現するためには，各種ツールの秩序だった最適化，つまり統合報告書の集合体のような考え方が必要になってくる。筆者は，この各種ツールの秩序だった最適化のことを，「ESG時代の情報開示戦略」と呼んでいる。

これらのことから，筆者は統合報告書について，一般的な冊子としての統合報告書と，各種ツールの集合体としての統合報告書とに分けて考えている。一般的な冊子としての統合報告書のことを“狭義の統合報告書”あるいは“統合報告書サマリー版”といい，各種ツールの集合体としての統合報告書のことを“広義の統合報告書”と呼んでいる。

では，前掲図表4－4のESG時代の情報開示戦略に話を戻すことにする。この統合報告書サマリー版は，その名のとおりサマリー版である。役割は，“店舗の間口”すべてのお客様に対して，相手先へ出向いていって簡潔にお買い得情報をお知らせするとともに，店舗へとお客様を誘導することである。お客様とはすべての情報ユーザー，お買い得情報とは企業価値創造活動全体のサマリー情報，店舗とはホームページのことである。

(3)　各種ツールの集合体としての統合報告書（広義の統合報告書）

それでは，もう1つの各種ツールの集合体としての統合報告書である“広義の統合報告書”についても，補足しておきたい。広義の統合報告書は，一言でいえば「企業価値創造活動のすべてを報告する報告書」のことである。つまり，ESG時代の情報開示戦略そのものということになる。前掲図表4－4でいえば，フレームワーク全体となる。全体像の情報を簡潔に伝えるという意味では，上段の統合報告書サマリー版と中段のホームページがそれにあたる。一方，特定の専門分野の情報を個別で詳細に伝えるという意味では，下段の専門情報であるサステナビリティ報告書，有価証券報告書，CG報告書などがそれに該当する。

では，この広義の統合報告書に秘められた2つの戦略についても説明をしておきたい。1つ目は“企業価値創造活動のすべてを報告する”ということ，2つ目は“報告書の集合体”ということである。

1つ目の“企業価値創造活動のすべてを報告する”とは，“店舗の間口”が，そのまま前章で確認してきた筆者のメソッドの企業価値図の構造になっているということである。そのため“店舗の間口”全体の情報開示を合わせると，そのままそれが企業価値図の説明になっている。

ここで，本章の冒頭の図表4－1の筆者のメソッドと国内の先進的企業の比較を思い出してほしい。筆者のメソッドでは，企業価値創造活動の全体情報の企業価値図と，財務情報，公益性情報，サステナビリティ情報のそれぞれが対応しており，役割分担がしっかりとできていた。

財務情報を求める人は，企業価値図の財務と“存在価値×期待としてのES”の情報を見ることになる。公益性情報を求める人は，企業価値図の“存在価値×期待としてのES”の情報を見ることになる。サステナビリティ情報を求める人は，企業価値図の“存在価値×期待としてのES”と“存在価値×要請としてのES”の情報を見ることになる。企業価値創造活動の全体情報を求める人は，企業価値図のすべての情報を見ることになる。

次に，２つ目の“報告書の集合体”とは，複数の報告書およびツールが集合して，１つの巨大な報告書を形成しているということである。

報告書には，一般的に冒頭部分に報告書の内容を要約したサマリー情報があり，次に全体のベーシック情報，その後にセクションごとの詳細情報という構成になっている。広義の統合報告書でも，戦略全体がこの構成になっている。図表４－５は，対話のツールと広義の統合報告書の関係を表したものである。

図表４－５ 店舗の奥行きの戦略

	対話のツール	広義の統合報告書
上段	ダイレクトメール・SNS	サマリー情報
中段	ホームページ	ベーシック情報
下段	専門情報	個別のセクション情報

これを見ると，対話のツールのダイレクトメール・SNSは，広義の統合報告書ではサマリー情報にあたる。それは，年次報告のハイライトにフォーカスしているためである。

では，ベーシック情報を知りたい場合は，どうすればよいのか。それが，対話のツールでいえば，次のホームページとなる。広義の統合報告書では，筆者のメソッドのESG戦略にあたる。そして，さらに特定の専門分野を詳しく知りたい場合は，対話のツールの専門情報を参照することになる。広義の統合報告書でいえば，個別のセクション情報という位置付けとなる。具体的には，サステナビリティ報告書，有価証券報告書，CG報告書となる。

この広義の統合報告書，つまりESG時代の情報開示戦略をしっかりと設計することにより，対話に必要なコンテンツの重複や抜けなどがなくなるとともに，ツールの特性も踏まえた効率的かつ効果的な対話を実現することができる。

図表4－6は，従来の統合報告書と本書が提示する統合報告書の違いを図解したものである。

図表4－6　従来の統合報告書と本書が提示する統合報告書の違い

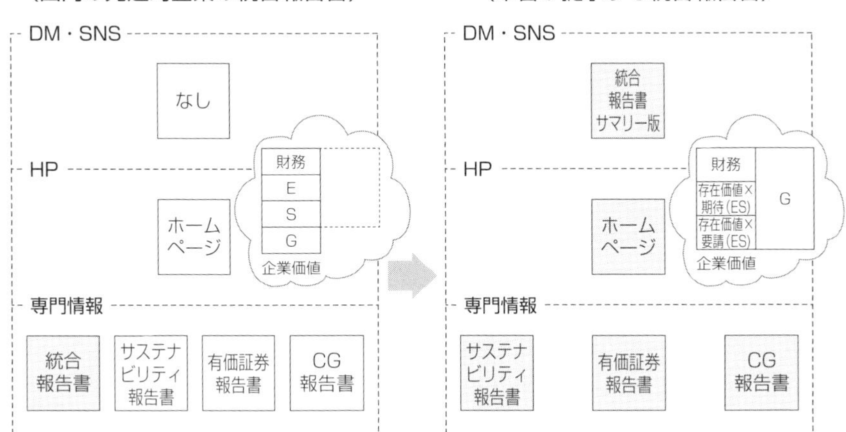

これを見ると，国内の先進的企業の統合報告書は，下段の専門情報に位置付けられている。それに対して本書が提示する統合報告書サマリー版は，上段のダイレクトメール・SNSに位置付けられている。

また，広義の統合報告書の観点から見ると，国内の先進的企業の各種報告書は下段の専門情報にフラットに配置されているのに対し，本書の報告書はすべての階層に立体的に配置されている。

両者の相違点は，相手先へ出向いていって簡潔に要点を伝えるプッシュ型ツールの有無，統合報告書と有価証券報告書の役割分担などである。つまり，本書が提示する統合報告書では，贅肉を削ぎ落としさまざまな対話のシーンに合わせてスリムで機動的な対応ができる構造になっている。

また，これらの報告書が伝える最終的な企業価値のカタチについても，両者ではまったく異なった企業価値のイメージを伝えることになる。

(4) ホームページ

次は，中段のホームページである。ここは，統合報告書サマリー版と同様に，

“店舗の間口”すべての情報を求める人に対して，簡潔に情報を伝えるところである。統合報告書サマリー版とホームページの相違点はツール特性と役割である。では，それぞれについて説明していきたい。

まず，はじめにホームページのツール特性である。ツール特性とは，「相手先に出向いていくか，いかないか」の違いである。ダイレクトメール・SNSは相手先に出向いていくが，ホームページは出向いていかない。言い換えると，こちら側がアクションを起こすのか，相手側がアクションを起こすのかということである。

これは，大きな違いである。単純にプッシュ型なのかプル型なのかという問題だけではなく，文脈も変わってくる。相手先に出向いていく場合は，こちらが話したい文脈，一方，相手がこちらに訪れる場合には相手が見たい文脈となる。

例えば，企業側の文脈は企業価値創造ストーリー，サステナビリティ情報を求める人の文脈はGRIスタンダードといった具合である。つまり，統合報告書サマリー版では企業側の文脈で語ればよかったのに対し，ホームページでは情報の受け手の文脈にも対応できるように，複数の文脈を想定して構成しなければならない。その意味では，ホームページは，こうしたさまざまな文脈をつなぐ“文脈のハブ”のような特性を持っていなければならないことになる。

次は，ホームページの役割である。前掲図表4－4を見ると，ホームページは，フレームワークの中央に位置している。上段のダイレクトメール・SNSと下段の専門情報をつなぐハブの役割を担っている。これは，前述のホームページが持つ“文脈のハブ”というツール特性を，報告書間のハブ機能に応用しているということである。

また，ホームページは，ハブの機能のほかに入口の機能も持っている。入口という視点では，ダイレクトメール・SNSからやってくるユーザーのほかに，直接ホームページへやってくるユーザーも存在する。その意味では，直接訪れるユーザーにとっては，ホームページは“企業の顔”のような役割も担うことになる。企業の顔とは，「はじめまして。私はこういうものです」といった企業の存在価値やその戦略などのベーシック情報を明示することである。これは，PRではブランド・ステイトメントといわれているものであり，CSR・IR・ESGでは，パーパス，あるいは経営上位概念にあたるものである。

これらをまとめると，ホームページの役割とは“店舗の間口”として，すべてのお客様に訪れてもらい，お客様が求めている商品・売り場へと速やかに誘導することである。ただし，そのお客様には，初めて訪れたお客様と，何度も訪れている常連さんの2種類がある。

初めてのお客様には，“企業の顔”として企業の存在価値やその戦略といったベーシック情報を明示するとともに，総合案内としてお客様が求めている商品・売り場へと速やかに誘導する。一方，何度も訪れている常連さんには，直接売り場へと行っていただく。そして，何かお困りの時にだけ，そっと手を差し伸べるということになる。

お客様とは情報ユーザー，企業の顔とはパーパスおよび戦略などのベーシック情報，商品・売り場への誘導とは専門情報などへのナビゲーションのことである。ESG時代の情報開示戦略“広義の統合報告書”では，ここのホームページが，ベーシック情報とさまざまな文脈，さまざまな報告書のハブとして重要な扇の要となっている。

(5)　専門情報

次は，下段の専門情報である。ここは，いわゆる報告書のことであり，サステナビリティ報告書，有価証券報告書，CG報告書が位置付けられている。この専門情報のツール特性と役割について，それぞれ整理しておきたい。

まず，はじめに専門情報のツール特性である。ここの特性は，まず相手先には出向いていかないプル型となる。文脈については，それぞれの情報を求める人の文脈として，それぞれの情報開示ガイドラインの文脈となる。要約情報か詳細情報かという意味では，ここは詳細情報となる。上段の統合報告書サマリー版と中段のホームページが要約情報だったのに対し，ここの下段の専門情報は詳細情報となる。

また，専門情報の役割は，特定の専門分野を詳しく知りたいと考えている人に対し，その分野の詳細情報を伝えることである。

ただし，ESG時代の情報開示戦略“広義の統合報告書”という意味では，有価証券報告書とCG報告書に関しては，少し役割が追加される。

“広義の統合報告書”では一般的な統合報告書にあたる紙媒体を，ダイレクトメール・SNSのところに位置付けている。そのため，統合報告書サマリー版には，企業価値創造活動のサマリー情報しか掲載されていない。そうすると，このままではESG情報を詳しく知りたいと考えている人への詳細情報が不足してしまう。そこで，それを補うために“広義の統合報告書”では，有価証券報告書とCG報告書に，ESG分野の詳細情報としての役割を追加している。有価証券報告書とCG報告書は，これまでの改正により長期経営戦略としてESG情報を拡充する方向に向かっている。そういう意味では，情報開示の時代の流れとも合致していると考えられる。

具体的には，有価証券報告書はいわゆる一般的な統合報告書のような位置付け，CG報告書は長期のESG戦略を監督する報告書という位置付けとなる。

店舗の例でいえば，専門情報とは入口の総合案内から誘導される商品・売り場のことである。そして，そこでお客様は商品を手に取って活用する。「入口の総合案内」とはホームページ，「誘導される商品・売り場」とは専門情報，「商品を手に取って活用する」とは企業との対話へと向かうということである。そして，ESG時代の情報開示戦略“広義の統合報告書”ではこの専門情報は，報告書の個別のセクション情報という位置付けにもなっているのである。

(6) 公益性情報を求める人とのコミュニケーション

それでは，ここからはそれぞれの情報を求める人との対話のキャッチボールについて，確認しておきたい。

まずは，公益性情報を求める人の対話のキャッチボールからである。ESG時代の公益性情報を求める人には，顧客（最近では消費者市民社会などといわれている）や取引先，直接的にはマスメディアなどがいる。しかし，彼らは企業側からのプレスリリースがなければ，その情報がいつ発信されるのかわからないため，彼らのほうからアクセスすることはできない。そのため，企業側からアクションを起こす必要がある。

企業側からのアクションとは，主にプレスリリースや記者会見などである。ESG時代の公益性情報とは，SDGsの取り組みである。企業側はそのSDGsの取り組みをプレスリリースとして発信する。それが，キャッチボールの第１投である。第２投目は，今度はマスメディアの番である。マスメディアは，その情報に公益性があると判断すれば，ホームページなどを確認し，必要があればPR担当者へ連絡する。そして，PR担当者は，彼らに必要な情報を提供する。これが第３投目である。SDGsの内容によっては，ホームページのベーシック情報の補足説明や，隣の分野であるサステナビリティ報告書を参照する必要があるかもしれない。統合報告書サマリー版については，ここでは初対面の人には会社案内のような役割も担うことになる。

これが公益性情報を求める人との対話のキャッチボールである。それぞれの報告書およびツールには，こうしたキャッチボールの流れを踏まえたうえで，コンテンツをそれぞれの報告書およびツールに配置しておかなければならない。

(7)　サステナビリティ情報を求める人とのコミュニケーション

次は，サステナビリティ情報を求める人との対話のキャッチボールである。サステナビリティ情報を求める人とは，すべてのステークホルダーである。一般的には，NGOやNPOなどを思い浮かべる方が多いと思われるが，一部のグローバル企業を除けば，国内ではその圧力はそれほど強くはない。むしろ，圧力という意味では，国内ではサステナビリティ分野よりも，隣の分野である資本市場のESG評価機関などの圧力のほうが強いかもしれない。

ここでの対話のキャッチボールは，主にサステナビリティ報告書で行われる。サステナビリティ報告書は，毎年同じ時期に発刊される定期刊行物であり，情報を求める人側もそのことを心得ている。そのため，プレスリリースのような第１投がなくても，自然にキャッチボールが始まる仕組みとなっている。その意味では，キャッチボールの第１投目は，企業側が報告書をホームページにアップし，メールでそのことを相手に伝えることによるのかもしれない。第２投目は，情報を求める人の側がそのホームページや専門情報のサステナビリティ報告書を確認し，必要があればCSR担当者に連絡する。そして，第３投目として企業側のCSR担当者が彼らに必要な情報を提供することとなる。これが，サステナビリティ情報を求める人との対話のキャッチボールである。

さらに，これからのESG時代では，公益性・ESG・財務といった他分野の情報を求める人が，サステナビリティ情報を求めるようになってくると思われる。例えば，“CO_2ゼロ・格差ゼロ”というESG時代に移行するということは，顧客はサステナビリティへの意識が高い消費者市民社会へと移行していき，資本市場でもESG投資が拡大していくということになる。そうなれば，CSR担当者はそうした隣の分野の人たちにも対応しなければならない。

そうなれば，従来のサステナビリティ情報のユーザーは，サステナビリティ情報内のコンテンツだけを参照していたのに対し，新しい情報ユーザーは，サステナビリティ情報外のコンテンツと一緒に参照することになる。つまり，サステナビリティ情報の内外のコンテンツの連携が重要になる。そのため，ESG

時代の情報開示戦略“広義の統合報告書”では，報告書を立体的に配置して，CSR担当者をサポートしている。

(8) 企業価値創造活動の全体情報を求める人とのコミュニケーション

次は企業価値創造活動の全体情報を求める人との対話のキャッチボールである。企業価値創造活動の全体情報を求める人とは，主にはESG投資家，ESG評価機関である。最近ではリクルーターも活用しているようである。

ここでの対話のキャッチボールも，基本的には定期刊行物が中心となるため，サステナビリティ情報を求める人の対話のキャッチボールと同様の流れとなる。第1投目は，企業側が報告書をホームページにアップし，メールでそのことを相手に伝える。第2投目は，情報を求める人の側がそれを確認し，必要があればESG担当者に連絡する。第3投目として企業側のESG担当者が彼らに必要な情報を提供することとなる。

ここのESG担当者は，先述のCSR担当者とは立場が逆になる。こちらでは，情報ユーザーは企業価値創造活動の全体情報の補足として，サステナビリティ情報を参照しにいくことになる。同様に，公益性・財務の分野の情報も参照しにいく。その意味では，企業価値創造活動の全体情報を求める人こそ，ESG時代の情報開示戦略“広義の統合報告書”の恩恵を一番享受するユーザーなのかもしれない。

上段の統合報告書サマリー版は，初対面の人には会社案内として，定期的にウォッチしている人には簡単なサマリー情報として送られる。同時に，ホームページは企業価値創造活動の全体像がわかるベーシック情報を簡潔な要約情報として提供する。さらに，もっと詳しい専門情報が必要なユーザーには，それぞれの専門分野の詳細情報として各種報告書が用意されている。

さらに，ここの情報を求める人との対話のキャッチボールは，文脈という意味ではさまざまな情報開示ガイドラインの文脈が混在していた。そのため，ここの担当者は，それらのすべての文脈に対応していかなければならない。しかし，現実的にはESG担当者だけでは，それらすべてに対応することは不可能であり，PR・CSR・IR担当者との協力が不可欠となる。その意味でも，ESG時代の情報開示戦略“広義の統合報告書”の構造はとても有効である。

また，ここの分野の情報開示ガイドラインは，今後もしばらくは試行錯誤が続くものと思われる。その意味では，その変化に対応するためにESG担当者は，さまざまな分野にアンテナを張り，常に最新の情報をキャッチできるようにしておかなければならない。

(9) 財務情報を求める人とのコミュニケーション

最後は，財務情報を求める人との対話のキャッチボールである。財務情報を求める人とは，主に株主・投資家である。

ここでの対話のキャッチボールでも，基本的には定期刊行物が中心となるため，サステナビリティ情報を求める人との対話のキャッチボールと同様の流れとなる。ただし，ここの対話のキャッチボールの特徴は，他の分野に比べて時間軸が非常に短いということである。この分野では，法定開示の有価証券報告書とは別に，3か月ごとの決算短信や決算説明資料などのいわゆるIR資料が出されている。その意味では，ここのキャッチボールの第1投目は，企業側がIR資料をホームページにアップするとともに決算説明会を準備し，メールなどでそのことを相手に伝える。第2投目は，情報を求める人の側がそれらの資料を確認し，必要があればIR担当者に連絡する。そして，第3投目として企業側のIR担当者が彼らに必要な情報を提供することとなる。

(10) ESG担当者とは誰なのか

ここで少し，ESG担当者とIR担当者の役割分担について，補足しておきたい。海外では，ESGについては取締役会事務局が主に担当している。

当然ながら，取締役会で議論されている内容はブラックボックスであるため，その内容を把握しているのは取締役会事務局のみとなる。その意味では非常に理にかなっている。また，時間軸から見るとESG情報は長期であり，IR情報は短期であり，文脈もESと財務ではまったく別物である。その意味では，海外でESGを，CSR担当者やIR担当者ではなく，取締役会事務局が担当していることは非常に合理的であると考えている。

一方で，国内ではIR担当者，あるいはCSR担当者が担うケースが多いのではないかと思われる。取締役会事務局が担当しているという話は，あまり聞いたことがない。本章で述べた情報開示戦略では，基本構造として4つの情報を求める人としているが，国内であればこのESGとIRを，IR担当者が兼任するケースが多くなるのかもしれない。

⑪ まとめ

本章では，ESG時代の情報開示戦略“広義の統合報告書”という考え方について提案をしてきた。最後にまとめとしてもう一度，整理しておきたい。

企業のリソースは限られている。その意味ではステークホルダーとの対話についても，より少ないリソースで最大限の効果を発揮しなければならない。欧米や中国などのグローバル企業に遅れを取っているならば，なおさらである。

本章では，その効率と効果を最大化させるための情報開示戦略として広義の統合報告書という考え方を提案した。IR・PR・CSR・ESGのすべての報告書とツールを一体として捉え，コーポレート・コミュニケーション全体で最適化を図っている。具体的には，対話のステップである“ダイレクトメール・SNS，ホームページ，専門情報”が，そのまま広義の統合報告書の“サマリー情報，ベーシック情報，個別のセクション情報”となっている。これにより，ESG時代の対話に必要なコンテンツの重複や抜けをなくし，スリムで機動的な対話が可能となっている。

さらに，従来の対話では，財務情報には財務報告書，サステナビリティ情報にはサステナビリティ報告書というように１つの分野に対し１つの報告書で対応していたが，広義の統合報告書では，１つの分野に対しすべての報告書で対応する構造になっている。これにより，少ないリソースでも最大限の効果を発揮できる仕組みとしている。

前掲図表４－６では，従来の報告書として国内の先進的企業の統合報告書と本書が提示する広義の統合報告書を比較した。

両者の相違点としては，まず背景にあるESG戦略の企業価値の構造が異なっている。国内の先進的企業が報告書を下段の専門情報としてフラットに配置しているのに対し，本書が提示する広義の統合報告書では上・中・下段に立体的に配置している。さらに詳しく見ると，上段の相手先に出向いていって簡潔に要点を伝えるプッシュ型ツールの有無や，下段の統合報告書と有価証券報告書の役割分担などにも，違いが表れていた。

最後にもう１つ，ESG時代の情報開示戦略“広義の統合報告書”と，情報開示ガイドラインの財務系とインパクト系の２つの文脈の関係についても，整理しておきたい。まずは，図表４－７を見てほしい。

ここでは，各階層の各種報告書およびツールに企業価値図を重ねている。

図表４－７　広義の統合報告書と２つの文脈

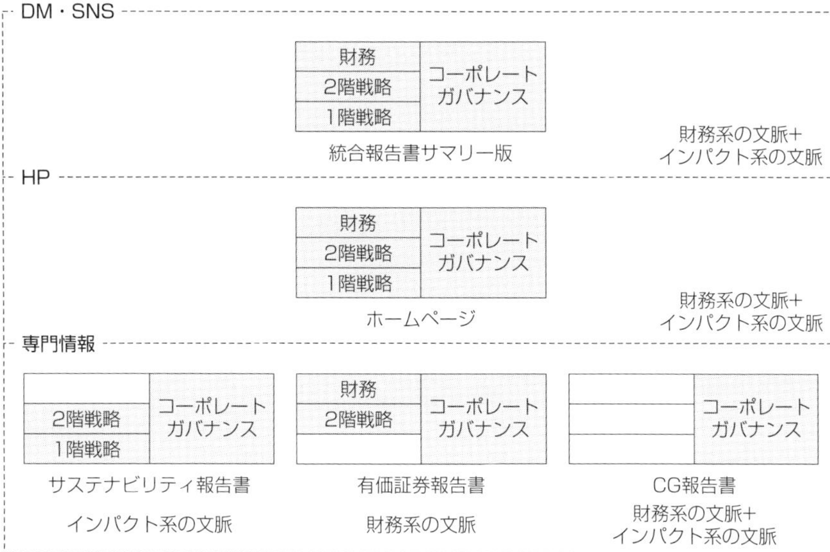

DM・SNS

財務	コーポレートガバナンス
2階戦略	
1階戦略	

統合報告書サマリー版

財務系の文脈＋インパクト系の文脈

HP

財務	コーポレートガバナンス
2階戦略	
1階戦略	

ホームページ

財務系の文脈＋インパクト系の文脈

専門情報

サステナビリティ報告書		有価証券報告書		CG報告書	
	コーポレートガバナンス	財務	コーポレートガバナンス		コーポレートガバナンス
2階戦略		2階戦略			
1階戦略					
インパクト系の文脈		財務系の文脈		財務系の文脈＋インパクト系の文脈	

まず，上段の統合報告書サマリー版から見ていくことにする。ここは，広義の統合報告書では，サマリー情報を簡潔にまとめたものとなる。その意味では，財務系の文脈とインパクト系の文脈の２つの視点から，そのサマリー情報を簡潔に伝えることになる。そのため，ここの統合報告書サマリー版には，企業価値図のすべての項目が含まれることになる。

次は，中段のホームページである。ここは，広義の統合報告書では，ベーシック情報としてパーパスやESG戦略を簡潔にまとめたものとなる。その意味では，こちらも財務系の文脈とインパクト系の文脈の２つの視点から，そのパーパスやESG戦略の要点を簡潔に伝えることになる。そのため，ここのホームページにも，企業価値図のすべての項目が含まれることになる。

最後は，下段のサステナビリティ報告書，有価証券報告書，CG報告書などの個別のセグメント情報である。こちらは，広義の統合報告書では，個別のセグメント情報として，それぞれの専門分野別の詳細情報を詳しく掲載したものとなる。その意味ではこちらは，それぞれの報告書別に文脈が分かれることになる。サステナビリティ報告書はインパクト系の文脈，有価証券報告書は財務系の文脈，CG報告書は財務系とインパクト系の２つの文脈となっている。そのため，それぞれの企業価値図では，それぞれの該当箇所が異なっている。サステナビリティ報告書は“2階戦略＋1階戦略＋コーポレートガバナンス”，有価証券報告書は主に“財務＋2階戦略＋コーポレートガバナンス”，CG報告書は“コーポレートガバナンス”となっている。

以上が，ESG時代の情報開示戦略“広義の統合報告書”と情報開示ガイドラインの2つの文脈の関係であった。読者の方の手元にある報告書やツールの，これまで知らなかった側面や新しい可能性，役割・連携といったものが，いくつかでも発見されることがあれば幸いである。

筆者はESG時代には，この情報開示全体の役割分担と連携が非常に重要であると考えている。それは，ESG時代にはここで整理した4つの情報を求める人の分類が，現在よりもさらに複雑に絡み合うことになるからである。顧客はサステナビリティの意識が高い消費者市民社会へ，資本市場においても資金はどんどんESG投資へと移行する。これらすべてを1人の担当者が対応するのなら，問題はないのかもしれないが，それは不可能である。であるならば，組織的に対応する以外，方法はない。そのため，組織的な情報開示全体の役割分担と連携の整備が必要となる。そして，それを整備するためには戦略が必要になるということである。

次章では，報告書の中身の議論に入っていきたい。筆者の考えるESG時代の情報開示戦略をもとに報告書やツールを見直すと，それらがどのように変わるのかについて整理していく。

第5章

報告書の再定義

1　統合報告書サマリー版
2　ホームページ
3　サステナビリティ報告書
4　有価証券報告書
5　CG報告書

1 統合報告書サマリー版

(1) 報告書の企画に入る前に

本章では，“報告書”の再定義を行う。ここが，いわゆる報告書の中身の戦略である。以下では，前章のESG時代の情報開示戦略“広義の統合報告書”で明確になった役割分担をもとに，各報告書およびツールに掲載されるべきコンテンツを提案していく。それにより，報告書およびツールにおいても，よりエッジの効いた各報告書およびツールが実現できると考えている。

ただし，この内容は一歩先でなく，二歩も三歩も先の提案になっているかもしれない。しかし，筆者としては，どこまで実現するかは別として，グローバルでの競争を考えると，構想段階としてはこれくらい思い切った発想をするくらいでちょうどよいのではないかと考えている。

また，本章の報告書の構成は，あくまでも本書のマネジメントツールおよび情報開示戦略を前提とした構成である。その意味では，情報開示全体で考えなければ意味がない。しかし，情報開示全体を整えていくことは組織に大きな負荷をかけることとなることが予想される。そのため，現実的にはできるところから少しずつ，ステップを踏んで整えていくことになると思われる。

それではさっそく，報告書の構成に入っていきたい。

(2) 統合報告書サマリー版の要件定義

まず，はじめは統合報告書サマリー版からである。統合報告書は，企業が中長期的にどのようにして企業価値を生み出そうとしているのかについて報告するための年次報告書である。これに対し，統合報告書サマリー版は，その名のとおりサマリー情報のみにフォーカスした年次報告書である。

図表５－１は，これまで整理してきた統合報告書サマリー版に関する要件を，一覧表にまとめたものである。統合報告書サマリー版は，この要件をもとに企画されていくことになる。

図表5－1　統合報告書サマリー版の要件定義

誰に	何を
主に投資家（消費者市民社会）	年次ハイライト
いつ	**どのように**
年1回	紙媒体（プッシュ型，全体像の情報）
情報開示ガイドライン（文脈）	**企業価値図（領域）**
財務系 / インパクト系	財務 / 2階戦略 / 1階戦略 / コーポレートガバナンス

マネジメントツール（コンテンツ）

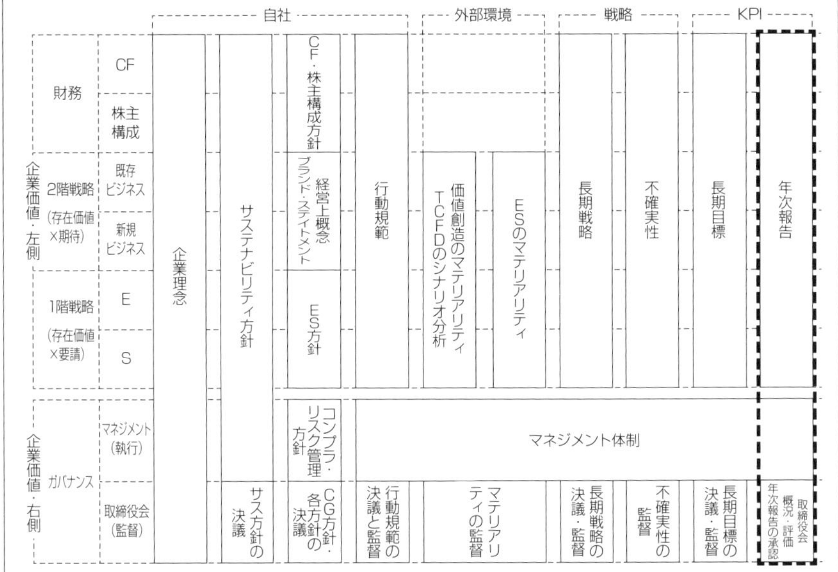

自社
外部環境
戦略
KPI
企業価値・左側
財務
CF
株主構成
2階戦略（存在価値×期待）
既存ビジネス
新規ビジネス
1階戦略（存在価値×要請）
E
S
企業価値・右側
ガバナンス
マネジメント（執行）
取締役会（監督）
企業理念
サステナビリティ方針
CF・株主構成方針
経営上概念
ブランド・ステイトメント
ES方針
コンプラ・リスク管理方針
行動規範
価値創造のマテリアリティ
TCFDのシナリオ分析
ESのマテリアリティ
長期戦略
不確実性
長期目標
年次報告
マネジメント体制
サス方針の決議
CG方針・各方針の決議
行動規範の決議と監督
マテリアリティの監督
長期戦略の決議・監督
不確実性の監督
長期目標の決議・監督
取締役会概況・評価
年次報告の承認

情報開示戦略（役割）	連携
サマリー情報 / ベーシック情報 / 個別のセグメント情報	IR・PR・CSR・ESG

(3) 統合報告書サマリー版のターゲット

これを見ると，はじめの“誰に”の項目から，議論が白熱しそうである。統合報告書が登場した当時も“報告書のターゲットは誰なのか”という議論があった。当初は，すべてのステークホルダーとしていたが，投資家を強調するカタチへと変更されたと記憶している。

現在では，統合報告書は投資家のほかに，就職活動中の学生が企業研究などに用いているという話をよく耳にする。筆者が，かつてIRに従事しはじめた頃，こんな話を聞いたことがある。「人が人生の中で，企業情報を見るタイミングは２つある。１つは就職活動時。もう１つは株式投資時である」――まさに，その言葉どおりである。そして，現在ではその企業情報は統合報告書となり，若い世代の就職活動に活用されているということなのであろう。

話を戻そう。ESG時代の統合報告書のターゲットは誰なのだろうか。もちろん，投資家が重要であることには変わりはない。そのうえで，筆者はESG時代に企業が対話しなければならない情報ユーザーとして，消費者市民社会を挙げておきたい。それは，消費者市民社会がESG時代の主役であり，獲得しなければならない顧客だからである。当然ながら，就職活動中の学生もその中に含まれる。

まず，顧客である消費者市民社会は，持続可能な商品・サービスを求めている。もしくは，そうした消費行動によりESの持続性に貢献したいと考えている。当然ながら，取引先もこれから縮小傾向にある既存商材よりも，今後シェアの拡大が見込まれる新しい持続性商材のほうが魅力的であるに違いない。従業員においても，消費者市民社会の主役であるミレニアル世代やZ世代の自己実現は持続性との親和性が高く，そこにコミットしない組織には優秀な人材は集まってこない。地域，環境についてはいうまでもない。では，株主はどうか。資本市場ではESG投資の勢いは衰えるどころか，さらに加速している。また，資金の出し手という意味でも，ミレニアル世代やZ世代には相続などによりどんどん資金が流入しており，株主・投資家の投資行動もよりESGを加速させる方向へ進むものと思われる。

これらを踏まえて“報告書のターゲットは誰なのか”を考えるならば，やはり消費者市民社会は外せないと考えられる。消費者市民社会は，顧客であり，従業員であり，株主でもあり，すべてのステークホルダーでもある。ESG

時代では，顧客は消費行動を通して，一緒に市場を創造してくれるパートナーとなる。従業員が社内のパートナーであるならば，顧客は取引先と同様に社外のパートナーである。中には，リスクをとって企業を応援する株主にもなってくれる。その意味では，ターゲットとしては，消費者市民社会が重要と考えている。

⑷　統合報告書サマリー版の企画

では，統合報告書サマリー版の要件定義の確認に戻ることにする。

はじめの「誰に（ターゲット）」の要件定義では，主に投資家としているが，さらにいえば，消費者市民社会を意識しなければならない。

次の「何を（目的）」は，まずは投資家とすべての情報を求める人に対し，１年間行ってきた企業活動全体の取り組みを，年次サマリー情報として簡潔に伝えることである。

「いつ・どのように（方法）」は年１回，紙媒体による報告書を相手先に配布する，または遠方の場合には，郵送もしくはメールにてPDFを送信するということになる。

また，これを情報開示ガイドラインの２つの文脈の視点から見ると，ここの統合報告書サマリー版は，ESG時代の対話の起点となる媒体となる。その意味では，ここは統合報告書ガイドラインで財務系とインパクト系の２つの文脈から伝えることが大切である。ESG時代のビジネスがインパクト系の文脈にかかっていることを考えると，むしろESG時代になくてはならない企業として自社のパーパスやESG戦略を，インパクト系の文脈で端的に，しかもしっかりと伝えたうえで，２つの文脈からサマリー情報を伝えることになる。

次に，伝えなければならない企業価値の領域としては，企業価値創造活動の全体像を伝えるという意味では，企業価値図の財務，２階戦略，１階戦略，コーポレートガバナンスのすべてが該当している。

そして，マネジメントツールの該当箇所では，ここはサマリー情報をコンパクトに伝えるという意味では，横軸の経営戦略のステップの右端にあるKPIの列が該当箇所となる。縦軸では財務，２階戦略，１階戦略，コーポレートガバナンスの行が該当箇所となる。

さらに，広義の統合報告書の役割では，上段のサマリー情報という位置付けになっている。そして，この後のベーシック情報のホームページ，個別のセグメント情報の各報告書へと，誘導する役割も担っている。

また，情報開示戦略にあたっては，IR・PR・CSR・ESGのすべての担当者が連携することになる。

最後に，その他の事項として，報告書の代用が挙げられる。1年間行ってきた企業活動全体の報告を行うという意味では，類似した報告書がある。それは，株主に送付している株主通信である。それを代用する，もしくは併用する方法も考えられる。現在，統合報告書を作成していない場合は，無理をして作る必要はない。株主通信を代用すれば，統合ダイレクトメールの機能は十分果たせると考えられる。

さらに，もう1つ，定期刊行物としての課題がある。定期的な刊行物になると，「いつも同じパターン」もしくは「変化がないので飽きる」などといった声も聞こえてくる。定期刊行物には，ある程度の統一感と変化が必要になる。また，企業側の活動においても，大きく変化する年度もあれば，あまり変化しない年度もある。こうした定期刊行物の変化と企業の変化の強弱を連動すれば，その変化にも意味をもたせることができる。その意味では，あらかじめ週刊誌のような“通常号”のほかに“特大号・特別号・合併号”などの，バリエーションを用意しておくことも1つのアイデアではないだろうか。

(5) 統合報告書サマリー版の構成

では，統合報告書サマリー版の中身について，確認していきたい。本書では，第3章においてあらかじめマネジメントツールの整備を行っている。そのため，統合報告書サマリー版のコンテンツは，そのマネジメントツールから該当する箇所をピックアップすればよいということになる。

もう一度，図表5－1のマネジメントツールの該当箇所図を見てほしい。そこでは，右端の枠で囲まれているKPIの列が主な統合報告書サマリー版の該当箇所となっている。上から，財務ではキャッシュ・フローおよび株主構成の報告，2階戦略では既存ビジネスおよび新規ビジネスの報告，1階戦略ではEとSの報告，そしてガバナンスでは取締役会の概況・評価となっている。

ただし，統合報告書サマリー版は，大切なステークホルダーの皆様への報告である。単純に，KPIだけを送るというわけにはいかない。当然ながら，企業のTOP自らの挨拶も必要である。その年度にどのような活動を行ったのか，主な施策や出来事などのトピックスも知りたいところであろう。また，初めて見るユーザーの存在を考えると，パーパスやESG戦略のエッセンスも必要である。そして，さらに詳しい情報を求める人への配慮として，ベーシック情報のホームページ，個別のセグメント情報の各報告書への誘導も必要になってくる。これらをまとめたものが図表５－２である。

図表５－２　統合報告書サマリー版の構成

統合報告書サマリー版の構成
パーパスおよびESG戦略のエッセンス
財務・非財務ハイライト
年次トピックス
経営TOPの挨拶
コーポレートガバナンスの概況
２階戦略（事業）の概況
１階戦略（ES）の概況
会社概要
詳細情報への誘導

まず，はじめに相手に対し，自分が何者であるかを明示しなければならない。そのために企業のパーパス，いわゆる存在価値を明らかにする。そして，ESG戦略も必要である。ただし，これらの情報は，統合報告書サマリー版であるということを勘案すると，簡潔な表現にとどめておくべきである。

次に，定性情報の後は定量情報である。定量情報は，財務・非財務ハイライトである。これにより，企業の大体のボリュームを理解してもらう。ここが，マネジメントツールのKPIの列となる。

年次トピックスは，コンテンツとして，その年の特徴が大きく現れるところである。年度別に変化をつけるとすれば，ここの表現を工夫することになる。

経営TOPの挨拶およびコーポレートガバナンスの概況は，まずは，経営TOP自らが直接，説明を行うことが重要である。そして，それとともに取締役会がしっかりと監督しているという実態を明らかにすることも大切である。この２つの項目が揃って，初めて信頼を得ることができるのである。ここでのポイントは，経営TOPおよび取締役全員が顔写真を出して，ステークホルダーに語りかけることである。できれば，その写真から多様性が感じられればいうことはない。

２階戦略（事業）と１階戦略（ES）の概況については，ESG時代の企業価値創造活動はこの２階建戦略の活動となるため，それぞれをしっかり報告しなければならない。

最後は簡単な会社のプロフィールとして会社概要，そして，さらに詳細情報を求める人への誘導としてコミュニケーション・マップを添えておく。

以上が，筆者の考える統合報告書サマリー版の構成である。これらの内容が，コンパクトにまとまっていれば，統合報告書サマリー版としては十分なのではないだろうか。

2　ホームページ

(1)　ホームページの要件定義

ホームページは，さまざまな情報開示ガイドラインの文脈および報告書の交差点となるため，企画するのがとても難しいツールである。ここでは，ホームページの中でも，コーポレートサイトだけに絞って整理する。

多くの企業では，ホームページの企画・運営は，企業の組織体制と同様に各部署で別々に行われているケースが多いのではないかと思われる。本書のホームページの提案では，そうした各部署を1つにしてコーポレートサイト全体で最適化したい。

図表5－3は，ホームページの要件定義を，これまで整理してきたホームページに関する要件として一覧表にまとめたものである。

(2)　ホームページの企画

ここのターゲット「誰に」は，すべてのステークホルダーである。さらにいえば，統合報告書サマリー版と同様，重視するのは新しい顧客である消費者市民社会である。

次の目的「何を」は，すべての情報を求める人に対し，パーパスやESG戦略などのベーシック情報，その他求めている情報を簡潔に伝えることである。

そして「いつ」および方法「どのように」は，情報ユーザーがいつでもそのコンテンツを閲覧できるように，Web上に適時更新しておくことである。

また，情報開示ガイドラインの2つの文脈の観点から見ると，ここのホームページは，すべてのステークホルダーとの接点であり，2つの文脈のハブとなる媒体になる。その意味では，ここは統合報告書ガイドラインで財務系とインパクト系の2つの文脈の流れを押さえておく必要がある。さらに，ホームページが企業の顔であることを踏まえると，自社のパーパスやESG戦略をインパクト系の文脈でしっかりと伝えなければならない。そして，そのパーパスやESG戦略は，同時に2つの文脈や報告書のハブとして，すべての情報ユーザーを交通整理しなければならない。

次に，伝えなければならない企業価値の領域としては，企業価値創造活動の全体像を伝えるという意味では，企業価値図の財務，2階戦略，1階戦略，

図表５－３ ホームページの要件定義

誰に	何を
すべてのステークホルダー （消費者市民社会）	パーパスおよびESG戦略
いつ	**どのように**
適時更新	ホームページ（プル型，全体像情報）
情報開示ガイドライン（文脈）	**企業価値図　（領域）**
財務系 ｜ インパクト系	財務／2階戦略／1階戦略 ｜ コーポレートガバナンス

マネジメントツール（コンテンツ）

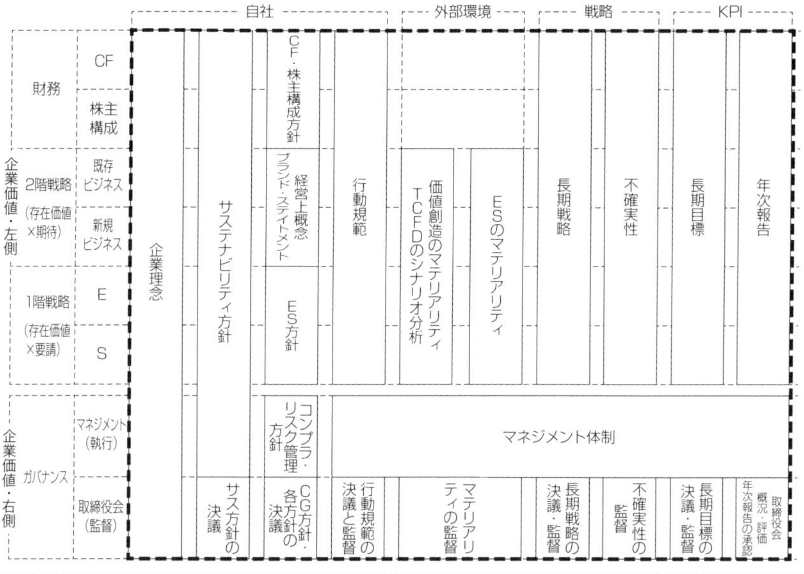

		自社				外部環境		戦略		KPI	
財務	CF	企業理念	サステナビリティ方針	CF・株主構成方針	行動規範			長期戦略	不確実性	長期目標	年次報告
	株主構成										
企業価値・左側 2階戦略（存在価値×期待）	既存ビジネス			経営上概念 ブランド・ステイトメント		価値創造のマテリアリティ TCFDのシナリオ分析	ESのマテリアリティ				
	新規ビジネス										
1階戦略（存在価値×要請）	E			ES方針							
	S										
企業価値・右側 ガバナンス	マネジメント（執行）			コンプラ・リスク管理方針	マネジメント体制						
	取締役会（監督）		サス方針の決議	CG方針・各方針の決議	行動規範の決議と監督	マテリアリティの監督		長期戦略の決議・監督	不確実性の監督	長期目標の決議・監督	取締役会概況・評価 年次報告の承認

情報開示戦略（役割）	連携
サマリー情報 ベーシック情報 個別のセグメント情報	IR・PR・CSR・ESG

コーポレートガバナンスのすべてが該当する。

マネジメントツールの該当箇所では，ここではESG時代の企業価値創造活動の全体像を伝えるという意味では，コンテンツはマネジメントツールのすべての項目が該当箇所になる。

さらに，広義の統合報告書の役割では，ここは中段のベーシック情報という位置付けになっており，この後の個別のセグメント情報の各報告書へと誘導する役割を担っている。

また，情報開示戦略にあたっては，IR・PR・CSR・ESGのすべての担当者が連携することになる。

(3)　ホームページの構成

ここからはホームページの構成である。もう一度，図表5－3のマネジメントツールの該当箇所図を見てほしい。ここでは，ホームページの該当箇所は，マネジメントツール全体となっている。しかし，だからといって単純にすべてのコンテンツを掲載すればよいというわけではない。企業の顔としてパーパスおよびESG戦略を，しっかりと明示しなければならないからである。さらに，さまざまな情報開示ガイドラインの文脈や，さまざまな各種報告書のPDFファイルをつなぐ広義の統合報告書のハブ機能も果たさなければならない。

では，こうしたホームページの複雑な役割を実現できる構成とは一体，どのようなものなのだろうか。ここでは，筆者の考えるホームページのページ構成を提案したい。もちろん，ホームページの構成に正解というものはない。，図表5－4と図表5－5を見てほしい。図表5－5は，マネジメントツールのホームページ該当箇所である。これは，第3章で整理してきたマネジメントツールをもとに，各コンテンツがホームページのどこに該当するのかを表している。

まず，図表5－4から見ていきたい。最初の左側の列は，求める情報の整理である。これは，前章のESG時代の情報開示戦略で整理してきた公益性情報，サステナビリティ情報，企業価値創造活動の全体情報，財務情報の4つの情報を求める人の区分である。そして，この情報を求める人に対応しているのが，中央の列のホームページのカテゴリー別ページとなっている。

それでは，ここからはそのホームページのカテゴリー別ページについて，それぞれの対話の戦略を確認していく。なお，この一覧表では，トップページ，会社情報，採用情報，ニュースといった直接，戦略とは関係のないページも記

図表5－4 ホームページのページ構成

求める情報	HPカテゴリー	主な内容
	トップページ	INDEX
①全体像	自分とは何者なのか	パーパスおよび方針
③公益性	事業内容	事業概要
④サステナビリティ	サステナビリティ情報	GRIスタンダード GRI対照表
②財務 ③公益性 ⑤ガバナンス	株主・投資家情報	有価証券報告書 CGコード 株主総会
	会社情報	会社概要 ロケーション アクセス
	採用情報	新卒・中途
	ライブラリー	報告書マップ PDFファイル
	ニュース	ニュースリリース
	ブランドサイト	ステイトメント
	オウンドメディア	自社メディア

図表5－5 マネジメントツールのホームページ該当箇所

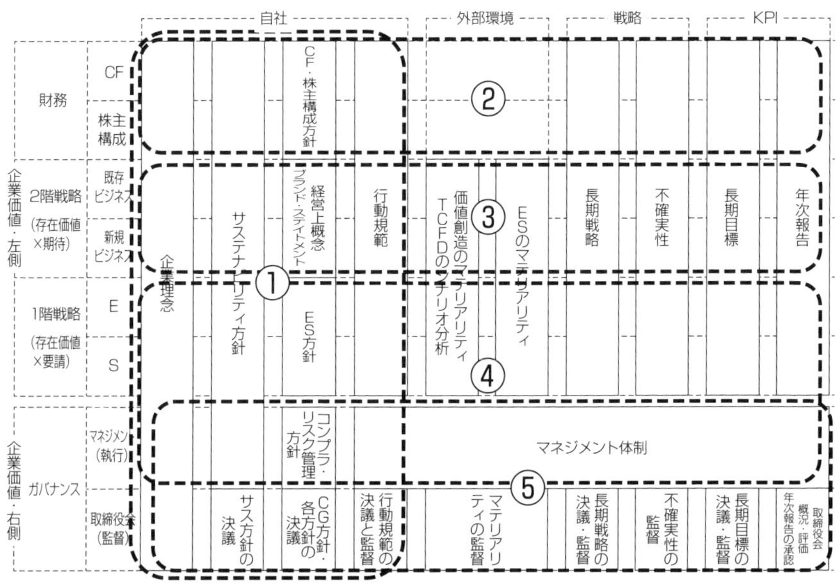

載されているが，ここでは戦略に関連する網掛けをした部分にのみ絞って見ていく。

(4)　“自分とは何者なのか”のページ

まずは，全体像の情報を求める人の入口である。ホームページのカテゴリー別ページでは，“自分とは何者なのか”のページになる。

この“自分とは何者なのか”のページの目的は，全体像の情報を求める人に，企業の顔としてパーパスを明示することである。

では，パーパスとは，どのような内容になるのだろうか。パーパスについては，図表５－５を見てほしい。これを見ると，①のエリアがパーパスにあたる項目となっている。①のエリアとは，経営戦略のステップのうちの自社ステップの列のことである。つまり，経営戦略の自社ステップである存在価値がパーパスである。したがって，“自分とは何者なのか”のページの目的とは，“パーパス＝自社ステップの存在価値”を明示する。

さらに，この自社のステップを詳しく見ると，企業理念，サステナビリティ方針，各分野別の方針，行動規範が配置されている。これは，これまでIRでは経営上位概念，PRではブランド・ステイトメント，CSRでは各方針というように，それぞれでバラバラに語られていた存在価値の概念を，第３章のマネジメントツールで整理したものである。

そして，その統合されたパーパスを，ホームページの冒頭の“自分とは何者なのか”のページに配置することで，自社の存在価値を明示するとともにホームページ全体にパーパスという一本の背骨を通している。さらに，そのパーパスという背骨は，同時にホームページ全体のハブとして，情報開示ガイドラインの２つの文脈，そして以降のホームページのカテゴリー別ページや報告書のPDFファイルをつなぐ扇の要の役割も担っている。

具体的な内容としては，パーパス（表現としては平易なブランド・ステイトメント），自社の強み，外部環境分析，ESG戦略などのエッセンスになる。

(5)　事業内容のページ

次は，公益性情報を求める人の入口である。ホームページのカテゴリー別ページでは，事業内容のページとなる。

ここのページの目的とは，公益性情報を求める人に，事業活動の取り組みを伝えることである。さらにいえば，先述の“自分とは何者なのか”のページのパーパスが体現化された商品・サービスを伝えるということになる。

主なコンテンツとしては，図表５－５の③のエリアが該当する項目となっている。この③のエリアは，縦軸は２階戦略の行のみ，横軸は経営戦略のステップのすべての列となっている。

先述の“自分とは何者なのか”のページが，すべての情報を求める人を対象としているのに対し，ここのページは公益性の情報を求める人に特化している。

具体的な内容としては，商品・サービスのステイトメント（各分野別の方針），外部環境分析，ビジョン，戦略などの要約情報となる。

ここは，情報開示ガイドラインという意味では，前章の「2(2)公益性情報の情報ガイドライン」で整理してきたSDGsの文脈で語ることになる。SDGsの文脈とは，“企業の強みを活かして，社会課題を解決してほしい”ということである。ESG戦略でいえば，２階戦略の企業の強みであるイノベーション力を活かして“CO_2ゼロ・格差ゼロ”の課題に取り組む活動ということになる。

さらに，ホームページの他のカテゴリー別ページや報告書のPDFファイルへの連携という意味では，ここには詳細情報の報告書のPDFファイルはない。その意味では，商品・サービスサイト，ブランドサイト，オウンドメディア，ニュースリリースなどとの連携となる。

(6) サステナビリティ情報のページ

次は，サステナビリティ情報を求める人の入口である。ホームページのカテゴリー別ページでは，サステナビリティ情報のページになる。

ここのページの目的は，サステナビリティ情報を求める人に，サステナビリティ活動の取り組みを伝えることである。ESG時代では，ここはさまざまな意味でとても重要なページとなる。

主なコンテンツとしては，図表５－５の④のエリアが該当する項目となっている。この④のエリアは，縦軸はサステナビリティ活動とガバナンスのマネジメント体制の行，横軸は経営戦略のステップのすべての列となっている。

ここは，直接的にはサステナビリティ分野の情報を求める人に特化している。しかし，ESG時代では，新しい顧客である消費者市民社会，ESG投資家やESG評価機関といったその他の幅広い情報ユーザーの間接的な利用も予想される。その意味では，そうした情報ユーザーの文脈も意識しておかなければならない。

具体的な内容としては，経営TOPの挨拶，企業理念，サステナビリティ方針，各分野別の方針，行動規範，GRIスタンダードのマテリアリティ，サステナビリティの長期戦略・長期目標，年次の進捗，マネジメント体制などの要約情報，GRI対照表などとなる。

また，情報開示ガイドラインという意味では，ここのメインの文脈はこの分野のデファクト・スタンダードであるGRIスタンダードとなる。GRIスタンダードの文脈とは，“企業が与えるESへの影響”である。そして，SASBスタンダード，SDGsなども踏まえておく。

また，消費者市民社会，ESG投資家，ESG評価機関などの間接的な利用という意味では，ESG戦略の文脈も把握しておかなければならない。ESG戦略とは，第3章のESG時代のマネジメントツールで整理してきた2階建戦略“CO_2ゼロ・格差ゼロ”のことである。

ここで，そのESGの2階建戦略“CO_2ゼロ・格差ゼロ”を思い出してほしい。そこでは，1階戦略は自社のビジネス活動の中から生じる“CO_2・格差”をゼロに抑えていく活動，2階戦略は企業の強みであるイノベーション力を活かして“CO_2ゼロ・格差ゼロ”の課題に取り組む活動となっていた。

さらに，その戦略には制約もあった。「まずは，市場へ参加するための参加資格として“規定演技”をクリアする。そして，そのうえで市場での加点ポイントの“自由演技”を行う」というものであった。市場への参加資格“規定演技”とは1階戦略，市場での加点ポイント“自由演技”とは2階戦略である。

それを，このホームページのカテゴリー別ページに置き換えると，市場への参加資格“規定演技”とはサステナビリティ情報のページ，市場での加点ポイント“自由演技”とは事業内容のページとなる。

つまり，消費者市民社会，ESG投資家，ESG評価機関などの間接的な利用者にとっては，ここのサステナビリティ情報のページは市場への参加資格“規定演技”の1階戦略となる。

さらにいえば，ESG時代の消費者市民社会の関心事がパーパスとサステナビリティであることを考えると，市場での加点ポイント“自由演技”の2階戦略である事業内容のページは，パーパスおよびESG戦略の“自分とは何者なのか”のページと，このサステナビリティ情報のページと密接に関わっていることになる。

また，ホームページの他のカテゴリー別ページや報告書のPDFファイルへの連携という意味では，専門分野の詳細情報への誘導も大切である。サステナビリティ情報の詳細情報には，GRI対照表とサステナビリティ報告書のPDFファイルの2つがある。

GRIスタンダードの開示項目はかなり広範囲にわたるため，サステナビリティ情報のページに収まらない項目がある。そのため，それらを無理にページ内に収めようとすると効率が悪くなってしまう。そこで，この分野にはそれを避けるためにGRI対照表というページが用意されている。ここのGRI対照表で一覧を見られるようにしておけば，コンテンツ自体はバラバラに配置されていても問題ないという考え方である。これにより，GRIスタンダードの開示項目は，効率的に見ることができるようになっている。

サステナビリティ報告書のPDFファイルは，一般的にホームページではライブラリーに格納されている。サステナビリティ情報のページでは，そこへの誘導も重要である。

(7) 株主・投資家情報のページ

次は，財務情報を求める人の入口である。ホームページのカテゴリー別ページでは，株主・投資家情報のページとなる。

ここのページの目的は，財務情報を求める人に，経営戦略，キャッシュ・フロー，株式関連などの情報を伝えることである。

主なコンテンツとしては，図表5－5の②③⑤のエリアが，ここに該当する。ここでは，縦軸では財務，2階戦略，ガバナンスの行，横軸は経営戦略のステップのすべての列となっている。つまり，ここのページは，どのようにして経済価値を高めていくのか，その施策の説明として2階戦略と財務の分野の情報開示を行う。さらに，それらのマネジメント体制と監督の仕組みについての説明としてのガバナンス分野の情報開示を行う。そのため，ここには3つの分野が対象範囲となっているのである。

具体的な内容としては，経営TOPの挨拶，企業理念，各分野別の方針（経営上位概念・ビジネスモデルを含む），統合報告のマテリアリティ，ESG戦略（長期戦略），長期目標，年次報告（財務ハイライト，At a Glance，株主総会，株式，株主還元），マネジメント体制（内部統制，リスク管理），コーポレートガバナンス（取締役会）などの要約情報となる。

ここで，コーポレートガバナンスのコンテンツについて補足しておきたい。

読者の会社では，コーポレートガバナンスのコンテンツをホームページのどこのページに配置しているだろうか。サステナビリティ情報のページだろうか。会社情報のページだろうか。それとも株主・投資家情報のページだろうか。例えば，コーポレートガバナンスのコンテンツは，サステナビリティ分野ではGRIスタンダードに登場している。財務分野でも，有価証券報告書や，CG報告書などのコーポレートガバナンスの名前を冠した報告書も存在する。では，そもそも，どこに配置するべきなのだろうか。

本書では，株主・投資家情報のページに配置している。サステナビリティ情報のページや会社情報のページには含まれてはいない。株主・投資家情報のページに配置している理由は，主に次の３つである。

まず，コーポレートガバナンスはそもそも資本市場から生まれてきた言葉であるということ，次に，コーポレートガバナンスが監督するものが執行である財務，１階戦略，２階戦略，マネジメント体制のすべてであること，最後に，それを監督するのは取締役会であることなどである。

これらの理由により，本書では，株主・投資家情報のページに配置している。サステナビリティ分野のGRIスタンダードへの対応については，先述のGRI対照表があるため問題はない。

また，情報開示ガイドラインという意味では，ここの文脈には有価証券報告書，CGコード，統合報告書などがある。これについては，時間軸で整理するとわかりやすい。有価証券報告書は年次報告，CGコードのCG報告書は適時開示である。しかし，年次報告や適時開示といっても，足元の状況だけを見ているわけではない。長期的な将来を見据えた上での足元の状況である。その意味ではここの文脈は，長期のESG戦略の財務系の文脈ということになる。

さらに，ホームページの他のカテゴリー別ページや報告書のPDFファイルへの連携という意味では，こちらには専門分野の詳細情報として２つの報告書がある。有価証券報告書とCG報告書のPDFファイルである。さらに任意のIR資料も含めれば，もっとたくさんのPDFファイルとなる。株主・投資家情報のページでは，それらへの誘導も重要である。

(8)　ライブラリーのページ

ここは，情報を求める人の入口というよりは，それぞれの専門分野別の詳細情報である各種報告書のPDFファイルを格納しているページである。他のカテゴリー別ページから見れば，誘導先のページである。また，慣れている情報ユーザーなどは直接，ここにアクセスしてくる。

ここのページの目的は，それぞれの詳細情報を求める人に，専門分野別の詳細情報である各報告書のPDFファイルを提供することである。具体的な報告書のPDFファイルとしては，サステナビリティ報告書，有価証券報告書，CG報告書，IR資料などがある。

さらに，ホームページの他のカテゴリー別ページとの連携という意味では，ここには特に誘導というものはない。むしろ，ページ内でそれぞれの情報を求める人が探している報告書のPDFファイルに，スムーズに誘導してあげることである。また，ユーザーからすれば，自分が探しているPDFファイルのほかに，どのようなPDFファイルがあるのかも気になるところである。できれば，報告書のPDFファイルの全体像が俯瞰できるコミュニケーション・マップのようなものがあると親切ではないだろうか。

さらに，「親切」という意味では，ライブラリーを1つにまとめるという発想はどうだろうか。ESG時代のようなホームページのカテゴリー間の行き来が頻繁になる時代には，報告書のPDFファイル間の行き来も頻繁になると思われる。報告書のPDFファイルがカテゴリー別に格納されていると不便であり，特に企業比較をする人にとってはとても使いづらい。筆者はその解決策として，報告書のPDFファイルをカテゴリー別に分けずに，コーポレートとして一箇所にまとめている。そうすれば，そこにはすべての報告書のPDFファイルが収められており，わざわざ他のページに探しにいかなくて済むからである。

(9) ESG時代は対話の主役が変わる

ホームページの構造の解説ではないが，ESG時代の対話という意味で，従来から大きく変化していると思われる点について，最後に補足しておきたい。

それは，“ESG時代は対話の主役が変わる”ということである。そういわれても，ピンとこないかもしれない。では，“ESG時代はCSRがコーポレートサイトのトップメッセージになる”といえばどうだろうか。これまで，CSRは，どちらかといえば企業の中では裏方のような存在だった。少なくとも，メインストリームではなかった。それが，ESG時代にはコーポレートサイトのトップメッセージになるということである。

ここで，もう一度，本書のESGの2階建戦略を思い出してほしい。1階戦略とは，自社のビジネス活動の中から生じる“CO_2・格差”をゼロに抑えていく活動であり，2階戦略とは，企業の強みであるイノベーション力を活かして“CO_2ゼロ・格差ゼロ”の課題に取り組む活動である。つまり，1階戦略も2階戦略も，論点は“CO_2ゼロ・格差ゼロ”のサステナビリティということであった。

企業は社会でビジネスを行うためには，社会の役に立ち必要とされる存在にならなければならない。ESG時代も同様である。企業がESG時代にビジネスを行うためには，ESG時代が求めていることに応え，必要とされる存在にならなければならない。では，ESG時代が求めていることとは何か。それは，“CO_2・格差”をゼロにするということである。

つまり，ESG時代に必要とされる存在になるためには，“CO_2・格差”ゼロに貢献していかなければならない。したがって“ESG時代はCSRがコーポレートサイトのトップメッセージになる”のである。

では，コーポレートサイトのトップメッセージだけを，CSRにすればよいのではないかと思われるかもしれないが，そういう問題でもない。これまでは，“CSRといえば，どちらかというと企業の中では裏方のような存在だった”のである。その意味では，ホームページの構造自体も，無意識のうちにCSRを裏方にしてしまっているのである。それがトップメッセージになるということは，CSR自体をコーポレートのコンテンツの構造の中心に，意識的に再定義しなければならないのである。でなければ，CSRをコーポレートサイトのトップメッセージにはできない。これは，キャッチフレーズを変えるレベルの問題ではない。コーポレートのコンテンツの構造の問題なのである。しかし，それをやらなければ，ESG時代に必要とされる存在になることはできない。

さらに，この1階戦略は市場への参加資格であり，ここの規定演技をクリアしなければ，2階戦略の自由演技に進む資格はない。2階戦略の自由演技どころか，市場に参加すらできないのである。いわゆる“蚊帳の外”状態である。現に，グローバルのBtoB企業などでは，すでにこの動きが出てきている。その意味でも，ESG時代のコーポレートサイトのトップメッセージは，とても重要なのである。

2015年，パリ協定が採択され，時代は大きくCO_2ゼロに舵を切った。2025年には，そのギアをさらに上げようとしている。その時に，ビジネスとしてアドバンテージを取るためには，それまでにサステナビリティをコーポレートサイトのトップメッセージに掲げ，積極的なコミュニケーションを展開していなければならない。事実，グローバル先進的企業は，すでにそれを開始しているのである。

3　サステナビリティ報告書

(1)　サステナビリティ報告書の要件定義

次は，サステナビリティ報告書である。この報告書は，前章の情報開示戦略では，インパクト系の文脈の個別のセクション情報という位置付けになっていた。簡単にいえば，一般的なサステナビリティ報告書のことである。

図表５－６は，これまで整理してきたサステナビリティ報告書に関する要件を，一覧表にまとめたものである。サステナビリティ報告書は，この要件をもとに企画されていくことになる。

(2)　サステナビリティ報告書の企画

まず，はじめに直接的な主なターゲット「誰に」はすべてのステークホルダーである。さらにいえば，間接的なターゲットとしては消費者市民社会，ESG投資家，ESG評価機関を想定している。

次の目的「何を」は，サステナビリティ情報を求める人に対し，企業活動のインパクト面の年次報告として，詳細情報を伝えることである。

「いつ」および方法「どのように」は，年１回，紙もしくは自社のホームページの個別のセクション情報にPDFファイルを格納する。そして，メールなどでそのことを告知する。

また，情報開示ガイドラインの２つの文脈の観点から見ると，ここのサステナビリティ報告書は，直接的にはインパクト系の文脈となる。インパクト系の文脈としては，GRIスタンダード，SASBスタンダード，SDGsなどがある。ここでは，この分野のデファクト・スタンダードであるGRIスタンダードの“企業が与えるESへの影響”について報告することになる。そして，SASBスタンダード，SDGsなども踏まえておく。ただし，間接的には消費者市民社会，ESG投資家，ESG評価機関などへの対応として，ESG戦略の文脈も把握しておく必要がある。

次に，伝えなければならない企業価値の領域としては，企業価値創造活動のうち，インパクト系の文脈を伝えるという意味で，２階戦略，１階戦略，コーポレートガバナンスが該当している。

そして，マネジメントツールの該当箇所では，ここではGRIスタンダードの

図表5－6 サステナビリティ報告書の要件定義

誰に	何を
【主】すべてのステークホルダー 【従】消費者市民社会，ESG投資家・評価機関	インパクト系文脈の報告
いつ	**どのように**
年１回	報告書PDFファイル（プル型，個別情報）
情報開示ガイドライン（文脈）	**企業価値図　（領域）**
財務系　インパクト系	財務　2階戦略　1階戦略　コーポレートガバナンス

マネジメントツール（コンテンツ）

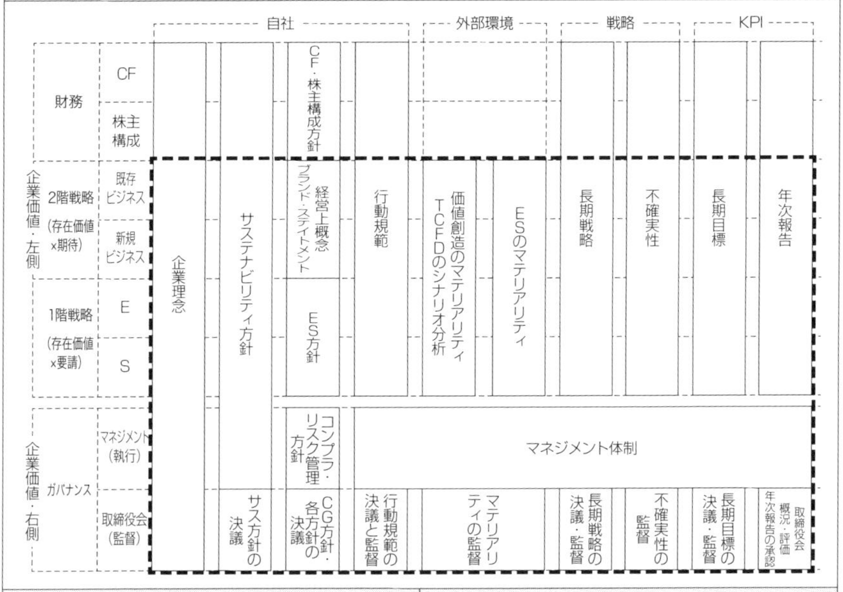

情報開示戦略（役割）	連携
サマリー情報 ベーシック情報 個別のセグメント情報	PR・CSR・ESG

項目として，縦軸では２階戦略，１階戦略，ガバナンスの行と，横軸では経営戦略のステップのすべてについて年次報告することになる。

さらに，広義の統合報告書の役割では，ここは下段の個別のセグメント情報という位置付けになっている。また，個別のセグメント情報の横方向という意味では，財務系の文脈の詳細情報である有価証券報告書，共通のガバナンスの詳細情報であるCG報告書への誘導があってもよいのかもしれない。

また，情報開示戦略にあたっては，PR・CSR・ESGの担当者が連携することになる。

最後に，その他の事項としては，ここには直接的にサステナビリティ情報を求める人のほかに，間接的に新しい顧客である消費者市民社会，ESG投資家やESG評価機関といった人も，ここの情報を利用することが予想される。そのため，ここでの情報開示には，そうした間接的に情報を利用する人のことも想定して，ESG戦略についても配慮しておかなければならない。

(3)　サステナビリティ報告書の構成

ここからは，サステナビリティ報告書の構成についてみていく。

サステナビリティ情報の情報開示ガイドラインは，GRIスタンダードである。第３章のESG時代のマネジメントツールでは，このGRIスタンダードの構成のままではマネジメントしにくいため，経営戦略の５つのステップに変換して管理するカタチにしていた。しかし，今度は情報開示のために，GRIスタンダードの構成に戻さなければならない。それでは，まずはGRIスタンダードの構成を確認することにする。図表５－７を見てほしい。

GRIスタンダードの主な構成では，まず共通スタンダードとして100番代はスタンダードの使い方の説明や，組織のプロフィール，さらに，項目別のスタンダードでは200番代は経済，300番代は環境，400番代は社会関連の項目となっている。

そして，企業はこれらの項目の中から，自社のステークホルダーとの対話の中でマテリアリティを特定し，そこで抽出されたマテリアルな項目に対して，取り組みを報告することになる。

また，マテリアリティという意味では，SASBスタンダードにもマテリアリティがある。SASBスタンダードでは，財務面へのインパクトを重視したマテリアリティとなっており，あらかじめ業界ごとにマテリアリティ項目が特定さ

図表５－７ GRIスタンダードの構成

共通スタンダード	
101 基礎	報告原則や使用についての説明
102 一般開示事項	組織のプロフィール
項目別のスタンダード	
200番代 経済	経済のパフォーマンス，地域経済での存在感，間接的な経済的インパクト，調達慣行，腐敗防止，反競争的行為
300番代 環境	原材料，エネルギー，水，生物多様性，大気への排出，排水および廃棄物，環境コンプライアンス，サプライヤーの環境面のアセスメント
400番代 社会	雇用，労使関係，労働安全衛生，研修と教育，ダイバーシティと機会均等，非差別，結社の自由と団体交渉，児童労働，強制労働，保安慣行，先住民族の権利，人権アセスメント，地域コミュニティ，サプライヤーの社会面のアセスメント，公共政策，顧客の安全衛生，マーケティングとラベリング，顧客プライバシー，社会経済面のコンプライアンス

れている。そして，企業はその決められた項目に対して報告するというカタチになっている。

GRIスタンダードは，ステークホルダーとの対話の中でマテリアリティを特定するということは，財務面へのインパクトを重視したSASBスタンダードも，そのステークホルダーの１人として，当然そこに含まれることになる。その意味で，SASBスタンダードは“must項目”，GRIスタンダードは“more項目”ともいわれている。

また，報告書という意味では，当然ながら，企業のTOP自らのコミットメントも重要である。その年度の主な施策または出来事などのトピックスも知りたいところである。さらに，関連する情報への誘導という意味では，GRI対照表も必要になってくる。これらをまとめたものが，図表５－８のサステナビリティ報告書の構成である。

サステナビリティ報告書は，まずは編集方針を明示することから始まる。編集方針とは，どのような基準で報告書を作成したのかである。サステナビリティ報告書は任意開示であるため，そもそも対話の基準自体から確認しなければ

図表５－８ サステナビリティ報告書の構成

編集方針
組織のプロフィール
経営TOPの挨拶
コーポレートガバナンス（社外取締役のコメント）
企業理念，サステナビリティ方針，行動規範，体制（マネジメントおよび監督），ビジョン，長期経営戦略，マテリアリティ（GRIスタンダード），サステナビリティ戦略
環境面（分野別方針，長期目標，戦略，年次進捗報告，トピックス）
社会面（分野別方針，長期目標，戦略，年次進捗報告，トピックス）
外部有識者からの声，外部表彰
GRI対照表

ばならない。法定開示の有価証券報告書などでは，あらかじめ基準が定められているため，ほとんど気になることがない。だが，サステナビリティ報告書は共通言語と文脈を設定することから始めなければならない。

また，ESの説明の前に「そもそも，どのような企業なのかわからない」ということもあるかもしれない。そのため，はじめに企業の自己紹介として，簡単に会社のプロフィールの説明を行う。

そして，やはり重要なのは経営TOPの挨拶，つまりコミットメントである。さらに，できればコーポレートガバナンスとして取締役会，中でも社外取締役のコメントがほしいところである。

ここからがサステナビリティのコンテンツである。まずは，企業全体の基本情報として，企業理念，サステナビリティ方針，行動規範，体制（マネジメントおよび監督），さらに企業全体のESG戦略，そしてサステナビリティ面の戦略としてGRIスタンダードのマテリアリティを掲載する。

さらに，ESのそれぞれの詳細報告として，ESそれぞれの分野別方針，長期目標，長期戦略，年次進捗報告，トピックスなどを報告する。

最後に，第三者の外部からの評価として，外部有識者からの声や外部評価なども大切である。

また，関連する情報への誘導としてGRI対照表を添えておく。

以上が，サステナビリティ報告書の構成である。ESG時代の情報開示戦略という意味では，ここには，特別な役割を与えられているということはないため，通常のサステナビリティ報告書であれば，特に問題はない。強いていえば，企業全体のESG戦略としてビジョンや経営戦略との整合性をしっかりと取っておくことが大切である。

4 有価証券報告書

(1) 有価証券報告書の要件定義

次は有価証券報告書である。前章の情報開示戦略では，広義の統合報告書の財務系の文脈の個別のセクション情報という位置付けになっていた。こちらは，イメージとしては長期のESG戦略の情報が充実された，新しい有価証券報告書といったところであろうか。

図表５－９は，これまで本書で整理してきた有価証券報告書に関する要件を，一覧表にまとめたものである。本書で提案する新しい有価証券報告書は，この要件をもとに企画されていく。

(2) 新しい有価証券報告書の企画

では，新しい有価証券報告書の要件定義の確認をしていきたい。

はじめにターゲット「誰に」であるが，ここには投資家のほか，消費者市民社会，ESG投資家，ESG評価機関も含めている。有価証券報告書は，広義の統合報告書の財務系の文脈の個別のセクション情報という位置付けになっているため，時間軸は長期となりESG戦略が含まれる。したがって，ここにESG投資家，ESG評価機関も含めているのである。さらに，ESG時代には長期の投資家は資金を消費者市民社会から提供されることになる。その意味では，企業はESG投資家，ESG評価機関を通して，消費者市民社会に財務面の年次報告を行っていることにもなっている。

次の目的「何を」は，財務情報を求める人に対し，企業活動の財務面の年次報告として，詳細情報を伝えることである。

「いつ」および方法「どのように」としては，年１回（四半期報告書は年４回），報告書を金融庁に提出する。あわせて，自社ホームページの個別のセクション情報にPDFファイルを格納し，メールなどでそのことを告知する。

これを情報開示ガイドラインの２つの文脈の観点から見ると，ここでは財務系の文脈のみとなる。財務系の文脈としては，統合報告書，価値共創ガイダンス，有価証券報告書，TCFD，CGコードなどがある。有価証券報告書では，時間軸が長期となるため，統合報告書，価値共創ガイダンス，TCFD，CGコードの要素が盛り込まれる。

図表5－9　本書で提案する有価証券報告書の要件定義

誰に	何を
投資家，ESG投資家・評価機関（消費者市民社会）	財務系文脈の報告
いつ	**どのように**
年１回	金融庁に提出，報告書PDFファイル（プル型，個別情報）
情報開示ガイドライン（文脈）	**企業価値図　（領域）**
財務系　／　インパクト系	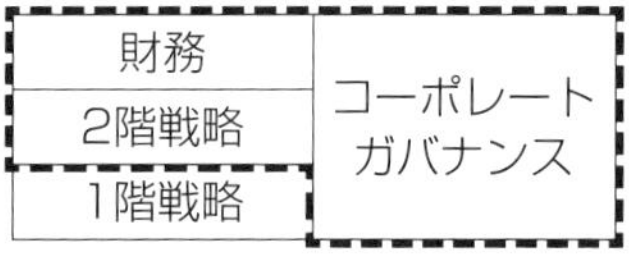 財務／2階戦略／1階戦略／コーポレートガバナンス

マネジメントツール（コンテンツ）

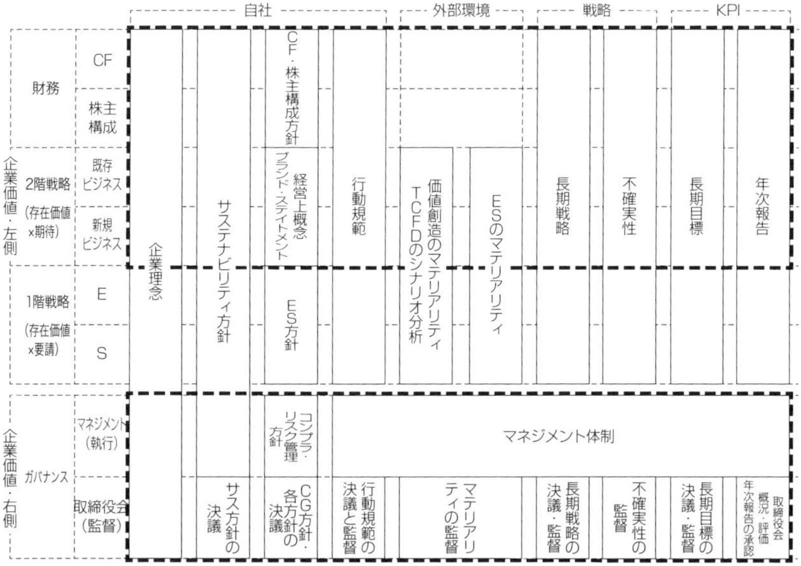

			自社				外部環境		戦略		KPI	
企業価値・左側	財務	CF	企業理念	サステナビリティ方針	CF・株主構成方針	行動規範			長期戦略	不確実性	長期目標	年次報告
		株主構成										
	2階戦略（存在価値×期待）	既存ビジネス			経営上概念　ブランド・ステイトメント		価値創造のマテリアリティ　TCFDのシナリオ分析	ESのマテリアリティ				
		新規ビジネス										
	1階戦略（存在価値×要請）	E			ES方針							
		S										
企業価値・右側	ガバナンス	マネジメント（執行）			コンプラ・リスク管理方針	マネジメント体制						
		取締役会（監督）		サス方針の決議	CG方針・各方針の決議	行動規範の決議と監督	マテリアリティの監督		長期戦略の決議・監督	不確実性の監督	長期目標の決議・監督	取締役会　概況・評価　年次報告の承認

情報開示戦略（役割）	連携
サマリー情報／ベーシック情報／個別のセグメント情報	IR・ESG

次に，伝えなければならない企業価値の領域としては，企業価値創造活動のうち，財務系の文脈を伝えるという意味で，財務，２階戦略，コーポレートガバナンスが該当している。

マネジメントツールの該当箇所では，有価証券報告書の項目として，縦軸では財務，２階戦略，ガバナンスの行と，横軸では経営戦略のステップのすべてについて年次報告することになる。

さらに，広義の統合報告書の役割では，ここは下段の個別のセグメント情報という位置付けになっている。また，個別のセグメント情報の横方向という意味では，インパクト系の文脈の詳細情報であるサステナビリティ報告書，共通のガバナンスの詳細情報であるCG報告書への誘導があってもよいのかもしれない。

また，情報開示戦略にあたっては，IR・ESGの担当者が連携することになる。

(3)　新しい有価証券報告書の構成

ここからは，新しい有価証券報告書の構成について確認していきたい。

まず，主なコンテンツは，図表５－10のとおりである。

ここでは，時間軸が長期に変わる場合に影響があると思われる項目について確認をしていく。

まずは，右側の中項目にある“主要な経営指標等の推移”である。当然ながら，統合報告ではKPIを設定するわけだが，基本的な競合比較を行うためには，ベーシックな指標は残しておかなければならない。しかし，企業が価値創造するためには，「これこそ見てほしい指標」というものがあるはずである。その意味では，最終的にはここの“主要な経営指標等の推移”の項目も変えなければならないと考えている。

次に，“経営方針”である。従来の“経営方針”は，財務系のみの経営方針でよかったのかもしれない。しかし，時間軸としてESG時代を含めるのであれば，サステナビリティの方針も含めた方針でなければならない。GRIスタンダードでは，方針にはサステナビリティ方針，各分野別の方針，行動規範など細かく定義されていた。筆者は，これらの細かく定義された方針を有価証券報告書にも入れるべきという考えである。でなければ，以降に記載されるマテリアリティや戦略との整合性が取れなくなってしまう。

“経営環境および対処すべき課題等”は，いわゆる外部環境分析と戦略であ

図表5－10 有価証券報告書の構成

大項目	中項目
企業の概況	主要な経営指標等の推移
事業の状況	経営方針
	経営環境および対処すべき課題等
	事業等のリスク
	MD&A
	研究開発活動
設備の状況	設備投資等の概要
	主要な設備の状況
	設備の新設，除去等の計画
提出会社の状況	株式等の状況
	配当政策
	コーポレートガバナンスの状況等
経理の状況	
提出会社の株式事務の概要	
提出会社の参考情報	
提出会社の保証会社等の情報	

る。戦略は“存在価値×外部環境＝戦略”だった。存在価値とはパーパス，外部環境とは統合報告のマテリアリティである。その意味では，ここの戦略を語るためには，パーパスと統合報告のマテリアリティを語らなければならない。

さらに，ここにはTCFDも絡んでくる。TCFDは簡単にいえば，気温情報1.5℃シナリオと4℃シナリオの場合で，それぞれの機会とリスクを財務的に数値で表してほしいということである。その意味では，TCFDは気候変動の分野における外部環境分析といえる。つまり，ここの項目には，少なくともパーパス，統合報告のマテリアリティ，TCFD，ESG戦略を記載しなければならないことになる。

“事業等のリスク”は，そのESG戦略の不確実性である。ここも，ESG戦略がなければ記載できないことになる。その後の“MD&A，研究開発活動，設備投資等の概要，株式等の状況，配当政策”なども，然りである。その意味では“経営環境および対処すべき課題等”には，キャッシュ・フローや株主構成などの記載も必要になってくると思われる。

最後は，“コーポレートガバナンスの状況等”である。こちらも，“経営方針”と同様に財務系の文脈だけではなく，インパクト系の文脈も含めたコーポレートガバナンスでなければならないはずである。

そうすると，取締役会は，ESG戦略を監督するための最適な構成としなければならない。委員会としては，サステナビリティ委員会やリスク管理委員会なども必要になると思われる。例えば，自社の成長分野がアジア，アフリカなどであれば，その地域の社外取締役も必要だろう。新しい顧客として消費者市民社会が重要なのであれば，ミレニアル世代・Z世代の社外取締役があってもよいはずである。

これらのことをまとめたものが，図表5－11である。ここには，影響があると思われる項目のみの一覧となっている。

まず，“主要な経営指標等の推移”には，有価証券報告書のベーシック指標のほかに，統合報告で求められている指標を追加する。筆者のESG戦略のKPIでは，財務指標，存在価値×要請（ES）の指標，存在価値×期待（ES）の指標である。財務指標と存在価値×要請（ES）の指標の2つは，市場への参加資格の規定演技である。一方，存在価値×期待（ES）の指標は，市場での加点ポイントの自由演技である。

次に，“経営方針”には，企業理念，サステナビリティ方針，各分野別の方針，行動規範を追加する。これらは，インパクト系の詳細情報であるサステナビリティ報告書には記載されている。それならば，財務系の詳細情報である新しい有価証券報告書にも記載されるべきである。でなければ，この後のESG戦略と整合性が取れなくなってしまうからである。

“経営環境および対処すべき課題等”については，筆者としては，やはり“存在価値×外部環境＝戦略”を入れるべきであると考えている。具体的には，まず存在価値として，パーパスを入れる。その中には当然，ビジネスモデルも含まれる。そして，外部環境分析の統合報告のマテリアリティにはTCFDが含まれる。そして，その掛け算がESG戦略となる。その中には，事業ポートフォリオの変化のほかに，設備投資計画，キャッシュ・フロー，株主構成などが含まれてくることになる。そして，“事業等のリスク”はESG戦略の不確実性となる。“MD＆A”では，こうしたESGの長期目線による経営者の分析となる。

最後に，“コーポレートガバナンスの状況等”には，まずCG方針を入れる。CG方針では，取締役会の長期的なあるべき姿が明示される。そして，取締役

図表5－11 有価証券報告書の構成

主要な経営指標等の推移	• 財務指標 • 存在価値×要請（ES）の指標 • 存在価値×期待（ES）の指標
経営方針	• 企業理念 • サステナビリティ方針 • 各分野別の方針 • 行動規範
経営環境および対処すべき課題等	• パーパス • マテリアリティ • TCFD • ESG戦略 • 設備投資計画 • キャッシュ・フロー • 株主構成
事業等のリスク	• ESG戦略の不確実性
MD&A	• ESGの長期目線による分析
研究開発活動	（ESG戦略の定性・定量情報は，経営環境および対処すべき課題等に記載）
設備投資等の概要	
主要な設備の状況	
設備の新設，除去等の計画	
株式等の状況	
配当政策	
コーポレートガバナンスの状況等	• CG方針 • 取締役会の体制 サステナビリティ委員会 リスク管理委員会 • 取締役会の構成 • スキルマップ • ESGの監督状況 • 取締役会評価

会の体制も入る。そこでは，指名委員会等設置会社の指名，監査，報酬の三委員会のほかにサステナビリティ委員会，リスク管理委員会が追加される。さら

に，現在の取締役会の構成およびスキルマップ，ESGの監督状況を入れる。取締役会評価も忘れてはいけない。

以上が，筆者の考える統合報告書の財務系の詳細情報“新しい有価証券報告書”の構成である。とはいえ，これをすべて記載するというのは，さすがに筆者も現段階では現実離れしていると考えている。しかし，不可能ではないとも考えている。これは，あくまでも考え方としてのあるべき姿の提案である。

いかがだろうか。イメージとして，通常の有価証券報告書にESG戦略の記載が追加され，長期目線による新しい有価証券報告書になっているのではないだろうか。

5 CG報告書

(1) CG報告書の要件定義

最後は，CG報告書である。CG報告書は，前章の情報開示戦略では，広義の統合報告書の財務系の文脈とインパクト系の文脈の２つの個別のセクション情報という位置付けになっていた。簡単にいえば，財務面とインパクト面の両面の監督状況を報告するCG報告書といったところであろうか。2021年のCGコードの改訂でも，同様の主旨の改訂が行われている。

図表５－12は，これまで整理してきたCG報告書に関する要件を一覧表にまとめたものである。新しいCG報告書は，この要件をもとに企画されていくことになる。

(2) 新しいCG報告書の企画

では，新しいCG報告書の要件定義の確認をしていきたい。

まず，ターゲット「誰に」はESG投資家，ESG評価機関である。CG報告書も，他の報告書と同様に時間軸が長期になってくる。これも，資金の出し手という意味では，最終的には彼らを通して，消費者市民社会にコーポレートガバナンスの報告を行うことになる。

次の目的「何を」は，コーポレートガバナンスの情報を求める人に対し，企業活動の財務面とインパクト面の両面の監督状況について，詳細情報を伝えるということになる。

「いつ」および方法「どのように」としては，適時に報告書を東京証券取引所に提出する。あわせて，自社ホームページの個別のセクション情報にPDFファイルを格納し，メールなどでそのことを告知する。

これを情報開示ガイドラインの２つの文脈の観点から見ると，ここでは財務系の文脈とインパクト系の文脈の２つとなる。ここの文脈は，基本はCGコードとなる。しかし，ここの報告書が，広義の統合報告書の個別のセクション情報という位置付けになっているということは，ESG戦略，GRIスタンダード，SASB，SDGs，TCFD，有価証券報告書なども把握しておかなければ，監督ができないということになる。

次に，伝えなければならない企業価値の領域としては，企業価値創造活動の

図表5－12 CG報告書の要件定義

誰に	何を
ESG投資家・評価機関（消費者市民社会）	財務系・インパクト系文脈の監督の報告
いつ	**どのように**
適時更新	東京証券取引所に提出，報告書PDFファイル（プル型，個別情報）
情報開示ガイドライン（文脈）	**企業価値図　（領域）**
財務系 ｜ インパクト系	財務 2階戦略 1階戦略 コーポレートガバナンス

マネジメントツール（コンテンツ）

自社
外部環境
戦略
KPI
企業価値・左側
財務
CF
株主構成
2階戦略（存在価値×期待）
既存ビジネス
新規ビジネス
1階戦略（存在価値×要請）
E
S
企業理念
サステナビリティ方針
CF・株主構成方針
経営上概念 ブランド・ステイトメント
ES方針
行動規範
価値創造のマテリアリティ TCFDのシナリオ分析
ESのマテリアリティ
長期戦略
不確実性
長期目標
年次報告
企業価値・右側
ガバナンス
マネジメント（執行）
取締役会（監督）
コンプラ・リスク管理方針
マネジメント体制
サス方針の決議
CG方針・各方針の決議
行動規範の決議と監督
マテリアリティの監督
長期戦略の決議・監督
不確実性の監督
長期目標の決議・監督
取締役会 概況・評価 年次報告の承認

情報開示戦略（役割）	連携
サマリー情報 ベーシック情報 個別のセグメント情報	IR・CSR・ESG

うち，ここでは右側のコーポレートガバナンスが該当している。

そして，マネジメントツールの該当箇所では，ここではガバナンス情報を伝えるという意味で，コンテンツは縦軸ではガバナンスの行，横軸では経営戦略のステップのすべてについて年次報告することになる。

さらに，広義の統合報告書の役割では，ここは下段の個別のセグメント情報という位置付けになっている。また，個別のセグメント情報の横方向という意味では，インパクト系の文脈の詳細情報であるサステナビリティ報告書，財務系の文脈の詳細情報である新しい有価証券報告書への誘導があってもよいかもしれない。

情報開示戦略にあたっては，IR・CSR・ESGの担当者が連携することになる。

⑶　新しいCG報告書の構成

ここからは，新しいCG報告書の構成について確認していきたい。まず，主なコンテンツとしては，図表５－13のとおりである。

ここでは，時間軸や領域が変わる場合に影響があると思われる項目（図表の網掛けの箇所）について，確認をしていく。

まずは中項目のⅠ－１．“基本的な考え方”の項目である。広義の統合報告書の財務系の文脈とインパクト系の文脈の２つのCG報告書という位置付けとして，今回追加されるコンテンツのほとんどはここに記載されることになると思われる。追加されるコンテンツは，時間軸としては長期，領域としてはサステナビリティ関連のコンテンツである。従来のCG報告書の項目では，時間軸では足元の情報，領域では財務関連の情報になっており，長期およびサステナビリティ関連のコンテンツは含まれていなかった。そのため，それらをこの報告書に入れるとすれば，“基本的な考え方”の項目に入れるしか方法がない。

具体的には，まず執行と監督の認識を示したうえで，取締役会の役割が監督であることを明確にする。そして，取締役会はその監督の方針として監督のスタンス・方針にあたる“CGの基本的な考え方”を明示する。当然ながら，そこには，時間軸では長期，領域ではサステナビリティ関連が含まれることになる。マネジメントツールの該当箇所でいえば，各分野別の方針にあたるCG方針となる。

そして，そのCG方針には，取締役会のあるべき姿として，例えば体制として社外取締役の独立性，多様性，スキルマップ，サステナビリティ委員会やリ

図表5－13 CG報告書の構成（指名委員会等設置会社）

大項目	中項目
Ⅰ　CGに関する基本的な考え方・資本構成・基本属性	
	1．基本的な考え方
	2．資本構成
Ⅱ　意思決定・執行および監督の経営管理組織	
	1．機関構成・組織運営の事項（取締役関係，社外取締役，各種委員会，執行役，監査体制，独立役員，インセンティブ，取締役，執行役報酬，社外取締役サポート体制）
	2．現状のCG体制の概要
	3．現状のCG体制の選択理由
Ⅲ　株主・利害関係者への施策	
	1．株主総会
	2．IR
	3．ステークホルダー
Ⅳ　内部統制	1．内部統制の基本的な考え方
	2．反社会的勢力の排除に向けた基本的な考え方
Ⅴ　その他	1．買収防衛策
	2．その他CG体制

スク管理委員会の設置，報酬，対話のあり方などについて記載する。

さらに，取締役会はその役割として監督を行わなければならない。その監督しなければならないものとは，マネジメントツールの該当箇所でいえば，経営戦略のステップのすべてということになる。具体的には，企業理念，サステナビリティ方針，各分野別の方針，行動規範，マテリアリティ，長期戦略，長期目標，年次進捗報告，マネジメント体制（内部統制・リスク管理）などである。

そして，こうした“基本的な考え方”が，具体的な施策としてCG体制に組み込まれてくると，今度は足元の報告として，次の項目に反映されていくという流れになる。例えば，Ⅱ－1．機関構成・組織運営の事項，Ⅱ－2．現状のCG体制の概要，Ⅱ－3．現状のCG体制の選択理由，Ⅲ－3．ステークホルダーの項目などである。

以上が，筆者の考える広義の統合報告書のCG報告書の構成である。こちらも，さすがに現在ではこれらを実現するというのは難しいかもしれない。しかし，昨今の時代の変化のスピードを見ていると案外，早期に実現できるかもしれないとも考えている。

では，次章では事例“ヘルシーな定食屋さん”を使って，これまで整理してきたESG戦略，マネジメントツール，情報開示戦略，各種報告書およびツールの具体例を見ていきたい。

第6章

事例“ヘルシーな定食屋さん”

1　ヘルシーな定食屋さんのビジネス
2　ヘルシーな定食屋さんのマネジメントツール
3　ヘルシーな定食屋さんの情報開示戦略と報告書

1 ヘルシーな定食屋さんのビジネス

(1) 事例を使って確認

これまでは，主に概念的な話が多かったため，少しわかりにくかったかもしれない。ここでは実際にヘルシーな定食屋さんの事例を使って，マネジメントツールや情報開示戦略，報告書およびツールを具体的に見ていくことにする。

(2) ヘルシーな定食屋さんの概要

まず街で評判のヘルシーな定食屋さんの概要から見ていきたい。前著では街の定食屋さんだったが，本著では業容を拡大し上場会社になった設定とした。

この定食屋さんは，現代のカロリー過多になりがちな食生活でお腹周りが気になっている人々に対して，ヘルシーでカロリーを気にせずに食べられる食事を提供しようと始めた店である。店内は，木を基調としてナチュラルでカジュアルな雰囲気にまとめられている。ホームページやメニューには，「おいしく，健康になる」というキャッチコピーが書かれており，料理の写真とともに摂取カロリーやアレルギー物質なども一目でわかるように工夫されている。

(3) ヘルシーな定食屋さんのパーパス

まずは，このお店のパーパスから考えてみたい。パーパスの整理は，第３章にあったブランド・ステイトメントと経営上位概念を使って行う。図表６－１は，ブランド・ステイトメントにお店のコンテンツを入れたものである。

図表６－１ ヘルシーな定食屋さんのブランド・ステイトメント

ブランド・エッセンス	おいしく，健康になる
ブランド・パーソナリティ	ヘルシーな料理に強い料理人
ターゲット	「食べたい。でもカロリーが心配」と思っている現代人
提供能力，持ち味	独自のヘルシー・メニュー開発力
機能的ベネフィット	ヘルシーなおいしい料理
情緒的・心理的ベネフィット	カロリーを心配しないで食べられる幸せ

このブランド・ステイトメントは，第３章では経営上位概念にも対応させて

いた。これを経営上位概念に変換すると，図表6－2のようになる。

図表6－2 ヘルシーな定食屋さんの経営上位概念

理念	食で人と社会を健康にする
ミッション	おいしいで，健康にする
価値観	ヘルシーな料理に強い料理人
ドメイン	飲食店
ビジネスモデル	ヘルシー・メニュー開発力で顧客を創造
コアコンピタンス	独自のヘルシー・メニュー開発力
強み	お店の看板（ブランド力）
提供価値	ヘルシーなおいしい料理

(4) ヘルシーな定食屋さんのビジネスモデル

次に，このパーパスの中にあるビジネスモデルについても説明しておきたい。ビジネスモデルは，統合報告書の中では重要な開示項目として開示を求められている。図表6－3を見てほしい。

図表6－3 ヘルシーな定食屋さんのビジネスモデル

インプット	• お店の看板（社会・関係資本） • ヘルシーな料理に強い料理を作る人（人的資本） • 対価（財務資本）
価値創造活動	【2階戦略】 • ヘルシー・メニュー開発力で顧客を創造
	【1階戦略】 • 衛生管理，食の安全，人権，ガス・ゴミの削減　など
アウトプット	【商品・サービス】 • ヘルシーなおいしい料理
	【環境・社会への負荷】 • 電気・ガスの使用，ゴミの排出　など
アウトカム	• カロリーを心配しないで食べられる幸せ

まず，ビジネスモデルはインプット，価値創造活動，アウトプット，アウトカムの4つから構成されている。

はじめはインプットである。インプットとは，ビジネスをするうえでの元手のことである。元手という意味では，お客さんはヘルシーな定食屋さんの評判を聞いてやってくるので“お店の看板（ブランド力）”は大切な元手の社会・関係資本である。そして，その看板を支えている“ヘルシーな料理に強い料理人”は人的資本であり，お金（対価）は財務資本となる。

次は，価値創造活動である。ここの活動には，２階戦略と１階戦略がある。お客さんは，ヘルシーでおいしい料理を楽しみにお店を訪れる。しかし，いくら料理がヘルシーでおいしくても，接客が無愛想だったり，床は埃だらけ，厨房をのぞくとゴキブリやハエが飛んでいたら，お客さんは二度とお店には訪れないだろう。ここでは，ヘルシーでおいしい料理が２階戦略，衛生管理や食の安全などが１階戦略となる。この２つの活動が揃ってはじめて，お客さんはヘルシーでおいしい料理を楽しく味わうことができるのである。その結果としてヘルシーでおいしい定食屋さんという評判につながり，顧客が創造される。そのため，本書の価値創造活動の構造では，衛生管理や食の安全などを１階の価値と位置付けており，価値創造活動は２階戦略と１階戦略の２階建構造となっている。

さらに，アウトプットにも，商品・サービスと環境・社会への負荷の２つがある。商品・サービスではヘルシーなおいしい料理，環境・社会への負荷では電気・ガスの使用，ゴミの排出などとなる。人間がビジネス活動をする以上，必ずプラスとマイナスの影響が出る。2021年の統合報告書の改正でも，ビジネスモデルのこの部分に見直しが入っている。

最後は，アウトカムである。これは，アウトプットを通して顧客が得られるベネフィットのことである。現在，統合報告書の制作現場では，このアウトプットとアウトカムの違いを区別するのに苦労しているようである。ここについては，ブランド・ステイトメントを見ると比較的整理がしやすい。簡単にいえば，機能的ベネフィットがアウトプット，情緒的・心理的ベネフィットがアウトプットを通して顧客が得られるベネフィット，つまりアウトカムである。したがって，ヘルシーな定食屋さんのアウトカムは，“カロリーを心配しないで食べられる幸せ”となる。

このアウトカムがお客さんの期待を超えることでお客さんは満足し，最初のインプットにあった“お店の看板”，すなわち社会・関係資本の価値が高まる。そして，その対価として財務資本も増加する。さらに，そのお客さんの笑顔によりお店側の従業員のモチベーションやスキルなどの人的資本も向上するということになる。このビジネスモデルのインプットからアウトカムまでの4つのサイクルを回すことによって，お店の価値は益々向上していくことになる。

(5) ヘルシーな定食屋さんのマテリアリティ

これまでヘルシーな定食屋さんは，現代人のニーズをうまくキャッチすることで成長してきた。では，これからの“CO_2ゼロ・格差ゼロ”時代では，どのようにして成長していくのだろうか。ここでは，ヘルシーな定食屋さんのESG時代の外部環境分析について見ていくことにする。図表6－4を見てほしい。横方向に見ていくと，左端の項目は，GRIスタンダード，SASBスタンダード，業界の有識者などとの対話で抽出したマテリアリティである。さらに，次の“ESが企業に与える影響”と“企業がESに与える影響”の項目は，第2章のEU非財務情報開示指令のダブル・マテリアリティである。最後の右端の項目は，自社の機会にとっての重要度である。

図表6－4 ヘルシーな定食屋さんの内部・外部分析

マテリアリティ	ESが企業に与える影響度	企業がESに与える影響度	自社にとっての重要度
CO_2	○	○	×
食品廃棄物	△	○	×
水	△	△	×
感染症	○	△	○
サプライチェーン	○	△	○
労働慣行	○	○	○
外国人技能実習生	○	○	○
食品安全	△	○	△
栄養成分	△	△	○
人口減少	○	×	×

これを見ると，はじめのマテリアリティは，CO_2，食品廃棄物，サプライチェーン，外国人技能実習生など，“CO_2ゼロ・格差ゼロ”時代の社会の要請が色濃く表れている。また，感染症についても，これからは外すことのできない重要なマテリアリティになるのは間違いない。さらに，忘れてはいけないのは，国内の人口減少の問題である。人口は日本と先進国は減少し，アジア・アフリカ地域は増加する。単純にいえば，これまでの国内市場のみを対象とした

事業は縮小することになる。

では，今度はこの図表をマテリアリティ・マップにマッピングする。このマップは，各マテリアルな項目の重要度を一目でわかるようにしたものである。図表６－５を見てほしい。

これを見ると，財務系の文脈である統合報告書のマテリアリティでは，労働慣行，外国人技能実習生，サプライチェーン，感染症，栄養成分，食品安全の項目が機会・リスクがともに高いことがわかる。一方，インパクト系の文脈であるEUのダブル・マテリアリティでは，CO_2，労働慣行，外国人技能実習生，食品安全，食品廃棄物，感染症，サプライチェーンの項目の影響度が高いことがわかる。

(6) ヘルシーな定食屋さんのシナリオ分析

次に，外部環境分析という意味で，TCFDのシナリオ分析も触れておきたい。TCFDは，気候関連のリスクと機会が財務に及ぼす影響について開示するというものである。一般的には，CO_2ゼロへ向け厳しい温暖化対策を取った場合と，まったく温暖化対策を取らなかった場合のリスクと機会を分析している。

ヘルシーな定食屋さんでは，気候変動に何の対策も取らなければ，どちらの場合においてもコスト増加という財務リスクがあると分析している。しかし，ビジネスモデルを大きく変える必要まではないという結論となっている。それぞれの重要な影響としては，CO_2ゼロへ向け厳しい温暖化対策を取った場合では炭素価格などの規制強化，持続可能な農業へのシフトによる原材料価格への影響などがある。一方，まったく温暖化対策を取らなかった場合では，極端な気象現象による原材料調達や経済への影響などがある。そして，それらに対応する重要性を認識しているとしている。

(7) ヘルシーな定食屋さんのESG戦略とKPI

では，これまでのパーパスや外部環境分析のマテリアリティ，シナリオ分析をもとに，ヘルシーな定食屋さんのESG戦略を確認したい。

まず，はじめはどこでビジネスをするかである。国内の人口は減少している。単純に考えれば，成長する市場の需要を取り込むという意味では，同じ文化圏であるアジア地域が思い浮かぶ。では，そのアジア地域の成長とともに自社の企業価値を向上させるという視点に立つと，これまでは単なる労働力としか見

図表6－5　ヘルシーな定食屋さんのマテリアリティ・マップ

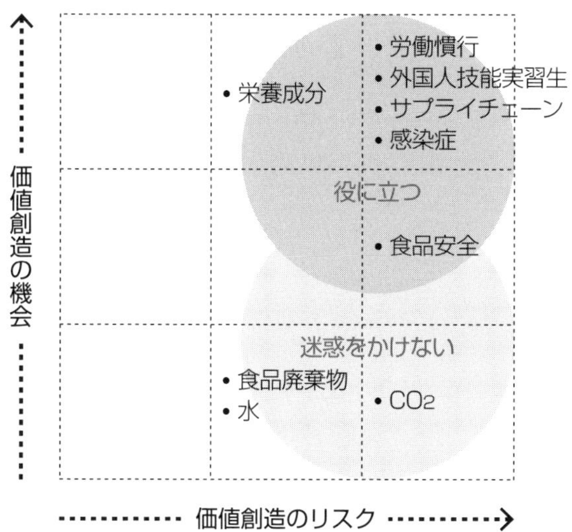

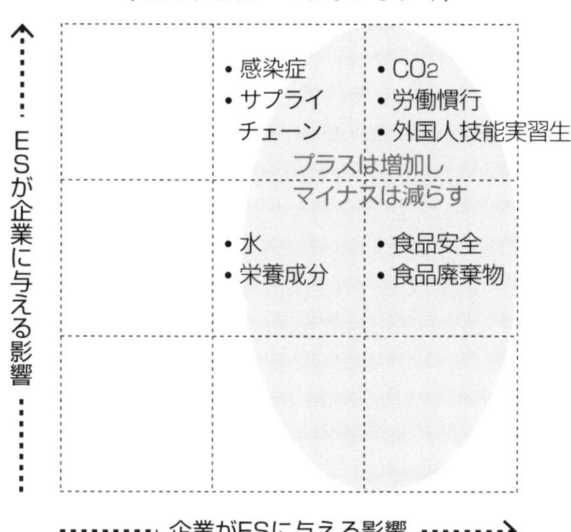

てこなかった外国人技能実習生の新しい可能性が見えてくる。さらに，TCFDの持続可能な農業へのシフトによる食材への影響，あるいは日本の亜熱帯化による食材のアジア化を考えても，アジア地域の食材や食文化とコアコンピタンスであるヘルシーな日本料理の融合は面白そうである。

その意味では，外国人技能実習生には技能を教えるだけでなく，むしろ祖国のさまざまな食材や料理を，日本に紹介してもらいたいくらいである。そして，将来的には新しい料理の開発や食材の調達，海外展開を協働してもらいたい。そのためには，デジタルの活用も欠かせない。

そして，そこで考案された新しい料理はヘルシーな定食屋さんの新メニューとして追加する。あるいは，新しい各国のアジア料理の新コンセプトのお店としてコミュニティを形成する。さらには，今後の感染症対策のレジリエンスなモデルとしてサブスクリプションによる外食モデルを構想する。

また，リスク面では，CO_2排出量削減や人権問題などのトレーサビリティへの取り組みは，現在は単なるコストにしか見えないかもしれない。しかし，ESG時代の“CO_2ゼロ・格差ゼロ”の競争が激しくなってくれば，その取り組みは自社を守る堅牢な参入障壁として力を発揮すると思われる。ここについても今の段階から市場への参加資格あるいは参入障壁として，しっかりと対応していく。

さらに，コーポレートガバナンス面においても，社外取締役の比率や独立性はもちろんのこと，ジェンダーや地域，別ジャンルの料理人または経営者，アジア地域の食文化の知見，有機野菜の専門家，サブスクリプションの専門家，旅行会社の知見，サステナビリティの専門家といった多様な視点による監督が重要となる。

これらを踏まえ，ヘルシーな定食屋さんでは，こうしたESG時代への戦略として，次のようにビジネス自体の再定義を行った。

図表6－6は，ヘルシーな定食屋さんの新しいブランド・ステイトメントである。

ここでは，ターゲットが，“「食べたい。でもカロリーが心配」と思っている現代人”が，“心と体と地球にヘルシーな食事をしたいと思っている現代人”に変更されている。これは，これから台頭してくるミレニアル世代やZ世代，アジア地域の消費者市民社会を意識している。さらに，情緒的・心理的ベネフィットが“カロリーを心配しないで食べられる幸せ”から，“ヘルシーな

図表6－6　ヘルシーな定食屋さんの新しいブランド・ステイトメント

ブランド・エッセンス	おいしく，健康になる
ブランド・パーソナリティ	ヘルシーな料理に強い料理人
ターゲット	**心と体と地球にヘルシーな食事をしたいと思っている現代人**
提供能力，持ち味	独自のヘルシー・メニュー開発力
機能的ベネフィット	ヘルシーなおいしい料理
情緒的・心理的ベネフィット	**ヘルシーな食事ができる幸せ**

食事ができる幸せ”に変更されている。消費者市民社会が求めているサステナビリティの共創の思いが込められている。

図表6－7は，ヘルシーな定食屋さんの新しい経営上位概念である。

図表6－7　ヘルシーな定食屋さんの新しい経営上位概念

理念	**食で心と体と地球を健康にする**
ミッション	おいしいで，健康にする
価値観	ヘルシーな料理に強い料理人
ドメイン	飲食店
ビジネスモデル	ヘルシー・メニュー開発力で顧客を創造
コアコンピタンス	独自のヘルシー・メニュー開発力
強み	お店の看板（ブランド力）
提供価値	ヘルシーなおいしい料理

ここでは，理念が，“食で人と社会を健康にする”から“食で心と体と地球を健康にする”に変更されている。これまで入っていなかったサステナビリティの概念が理念に明記されたということである。

図表6－8は，ヘルシーな定食屋さんの新しいビジネスモデルである。

ここでは，インプットに“ヘルシーな食材（自然資本）”が追加されている。新しい食材の開拓や調達，新メニューの開発などへの意志の表れである。さらに，アウトプットの商品・サービスでは“心と体と地球にヘルシーなおいしい料理”，アウトカムでは“ヘルシーな食事ができる幸せ”に変更されている。これらは，新しいブランド・ステイトメントや経営上位概念を踏襲するカタチとなっている。

図表6－8 ヘルシーな定食屋さんの新しいビジネスモデル

インプット	•お店の看板（社会・関係資本） •ヘルシーな料理に強い料理を作る人（人的資本） **•ヘルシーな食材（自然資本）** •対価（財務資本）
価値創造活動	【2階戦略】 •ヘルシー・メニュー開発力で顧客を創造
	【1階戦略】 •衛生管理，食の安全，人権，ガス・ゴミの削減　など
アウトプット	【商品・サービス】 **•心と体と地球にヘルシーなおいしい料理**
	【環境・社会への負荷】 •電気・ガスの使用，ゴミの排出　など
アウトカム	**•ヘルシーな食事ができる幸せ**

図表6－9は，ヘルシーな定食屋さんのESG戦略とKPIである。

では，ヘルシーな定食屋さんのESG戦略を確認していきたい。まずは，2階戦略からである。外国人に新メニューの開発，新しい食材の開拓や調達，海外プロモーションなどを担ってもらうと先述したが，それはすぐに利益につながるわけではない。その意味では，既存ビジネスで利益を上げながら，そこで稼いだ利益を新規ビジネスに振り向けるといういわゆる両利き経営を行うことになる。ただし，ESG時代の転換がいつ，どれくらいのスピードで進むのかは誰にもわからない。その意味では，柔軟に対応できる機動的な経営が重要となる。

次に，1階戦略である。こちらは，市場への参加資格あるいは参入障壁として，しっかりと対応していく。さらにいえば，1階戦略の取り組みを強化すればするほど，消費者市民社会のニーズの解像度は上がることになる。その意味では，1階の取り組みはESG時代のマーケティング活動ともいえるのではないだろうか。1階の取り組みが，マーケティング活動なのであれば，企業は“やらない”という決定にはならないはずである。

最後に，財務の戦略について触れておきたい。財務の戦略はキャッシュ・フローと株主構成であった。キャッシュ・フローの戦略は，サブスクリプションである。ビジネスでは先にモノが動いて，おカネは後から入ってくるというのが一般的だが，サブスクリプションにするとそれが逆転する。簡単にいうと，

図表6－9　ヘルシーな定食屋さんのESG戦略とKPI

	戦略	KPI
2階の戦略	【既存ビジネス】 • 日本料理に加えて多国籍メニューの拡充	【財務系】 • 継続数 【インパクト系】 • サステナブル・フード比率
	【新規ビジネス】 • 多国籍料理にヘルシーな日本料理のエッセンス	【財務系】 • 来店数 【インパクト系】 • サステナブル・フード量
1階の戦略	【環境】 • CO_2，水，食品廃棄物，サプライチェーン	• CO_2，水，食品廃棄物，サプライチェーンなど
	【社会】 • 人権，労務，食品安全，栄養成分	• 人権，労務，食品安全，サプライチェーン
財務の戦略	【キャッシュ・フロー】 • サブスクリプション	• CCC，ROIC，IRR
	【株主構成】 • 株主のファン化	• 個人・外国人株主比率，持ち合い株式

それだけ経営がラクになるということである。一方，株主構成の戦略は，株主のファン化である。理念“食で心と体と地球を健康にする”を世界の消費者市民社会と共創するという意味で，ファンの方に株主になってもらう。

次は，KPIである。KPIは戦略の定量情報である。第3章で，2階戦略のKPIには，財務系とインパクト系の2つの文脈のKPIがあることを説明した。ここでは，財務系の文脈には経済価値のKPIとして来店数と継続数，インパクト系の文脈にはインパクト評価のKPIとしてサステナブル・フードの量と比率を設定している。

次の1階戦略のKPIは，インパクト系の文脈のKPIとなる。ここでは，環境のKPIにはCO_2，水，食品廃棄物，サプライチェーン，社会のKPIには人権，労務，食品安全，サプライチェーンなどを設定している。

最後は，財務の戦略のKPIである。まず，キャッシュ・フローのKPIでは，サブスクリプションのKPIとしてCCC（キャッシュ・コンバージョン・サイクル）を設定している。CCCとは，モノを仕入れてから現金化されるまでの期間のことである。通常であれば数十日というのが一般的だが，サブスクリプションではそれがマイナス数十日となる。つまり，先におカネが入ってきて，その中でモノを回せるということになる。これが実現できれば，感染症にもレジリエンスな財務体質が実現できる。そして，資本コストのKPIとしてROICとIRR（内部収益率）を設定している。一方，株主構成のKPIについては，当然ながら株式の持ち合いはゼロである。ファンの方に株主になってもらうという意味では，個人株主比率や外国人株主比率を設定している。

⑻ ヘルシーな定食屋さんのコーポレートガバナンス

最後は，コーポレートガバナンスである。コーポレートガバナンスでは，まず組織形態として指名委員会等設置会社を採用し，社外取締役比率を過半数とする。そのうえで，指名，監査，報酬の3委員会のほかにサステナビリティ，リスク委員会も新設する。社外取締役の構成では，ジェンダー，地域，別ジャンルの料理人または経営者，アジア地域の食文化の知見，有機野菜の専門家，サブスクリプションの専門家，旅行会社の知見，サステナビリティの専門家といった多様な構成とする。そして，サステナビリティや行動規範などの各種方針を策定，報酬の方針と手続の整備，株主との建設的な対話を行う。

以上が，ヘルシーな定食屋さんの概要とESG戦略である。次節では，このヘルシーな定食屋さんを本書のマネジメントツールと情報開示戦略に落とし込むと，どのようになるのかについて見ていく。

2　ヘルシーな定食屋さんのマネジメントツール

(1)　マネジメントツールの“自社”

ここでは，先述のヘルシーな定食屋さんのESG戦略を，マネジメントツールに実際に落とし込んでみたい。まずは，図表6－10を見てほしい。

図表6－10　マネジメントツールの“自社”

			自社			
企業価値・左側	財務	CF	（企業理念）食で心と体と地球を健康にする	（サステナビリティ方針）サステナブルな食文化の創造を通して，自社の企業価値の向上を実現する	（CF・株主構成方針）企業理念を実現するために，健全で堅固な財務基盤の確立，成長投資，株主への適正な利益還元を行う	（行動規範）国連GC，OECD，ILO，経団連の企業行動憲章，GRIスタンダードなどを包含した行動規範
		株主構成				
	2階戦略（存在価値×期待）	既存ビジネス			（経営上位概念）食で心と体と地球を健康にするために…	
		新規ビジネス				
	1階戦略（存在価値×要請）	E			（E方針）食で地球を健康にする会社が食で地球を不健康に…	
		S			（S方針）食で心と体を健康にする会社が食で隣人を不健康に…	
企業価値・右側	ガバナンス	マネジメント（執行）			（コンプライアンス方針）法令や倫理を守らないことは社会を不健康に…	（マネジメント体制）内部統制・リスク管理・CSRマネジメントの体制
		取締役会（監督）		（サス方針の決議）	（CG方針）企業理念実現のための監督…（方針の決議）	（行動規範の決議・監督）

はじめは企業理念の列からである。企業理念は経営上位概念にあった，いわゆる“食で心と体と地球を健康にする”である。

次のサステナビリティ方針の列は，“サステナブルな食文化の創造を通して自社の企業価値の向上を実現する”，いわゆる利他の精神である。ここは，サステナビリティと企業価値創造活動の関係・スタンスを表している。

そして各分野別方針の列は，サステナビリティ方針を各分野別に細分化したものになる。はじめの財務分野のキャッシュ・フロー，株主構成の方針は，取り組む理由として“企業理念を実現するために，健全で堅固な財務基盤の確立，成長投資，株主への適正な利益還元を行う”を明記する。

2階戦略の分野の方針は“企業理念の食で心と体と地球を健康にするために，

独自のヘルシー・メニューの開発力で顧客を創造し，ヘルシーな食事ができる幸せを提供する”の経営上位概念やブランド・ステイトメントとなる。

1階戦略の分野の方針は，EとSに方針が分かれる。Eの方針では，まず取り組む理由として“企業理念の食で地球を健康にする会社が食で地球を不健康にしてはならない。そのためEの持続性に取り組む”とし，デュー・ディリジェンス，教育，エンゲージメント，重点課題として気候変動，資源循環，化学物質管理・汚染予防，生物多様性などを明記する。Sの方針も同様に，取り組む理由として“企業理念の食で心と体を健康にする会社が食で隣人を不健康にしてはならない。そのためSの持続性に取り組む”とし，デュー・ディリジェンス，教育，エンゲージメント，重点課題として人権，労働慣行，消費者の保護などを明記する。

コンプライアンスの方針は，“法令や倫理を守らないことは社会を不健康にすること，だから法律や倫理，社会からの信頼や期待は裏切らない”を明記する。

コーポレートガバナンスの方針も同様に“企業理念の実現のため，実効性ある監督を行う”として，コーポレートガバナンスのあるべき姿を明記する。

さらに行動規範の列は，グローバルの規範である国連GC，OECD，ILO，経団連の企業行動憲章，GRIスタンダードなどを参照し，グローバルで行動する社員のあるべき行動を明記する。

マネジメント体制は，これらの戦略をどのようにマネジメントするのかということである。図表6－11を見てほしい。

まず，執行の仕組みから見ていく。ここでは，代表執行役の直下に企業価値企画室を置いている。現在でいえば，経営企画室のようなものである。では，経営企画室と何が違うのかといえば，従来の経営企画室は事業活動（2階戦略）のみの企画だったが，ここでは1階戦略の企画も統合されている。これにより，企業価値企画室が企業価値の1階戦略と2階戦略の両方をマネジメントする体制となっている。そして，2階戦略の事務局では組織を横方向のA事業からE事業までを管理，一方の1階戦略の事務局では組織を縦方向に調達から廃棄までを管理する仕組みとなっている。

次に，監督の仕組みを見ていく。ここでは，取締役会に指名，報酬，監査の3委員会のほかに，リスク，サステナビリティが設置されている。それぞれの委員会では，専門的な見地から，個別のテーマについて議論する仕組みとなっている。さらに，監督である取締役会のサステナビリティ委員会と，執行であ

図表6－11 ヘルシーな定食屋さんのマネジメントツールの体制

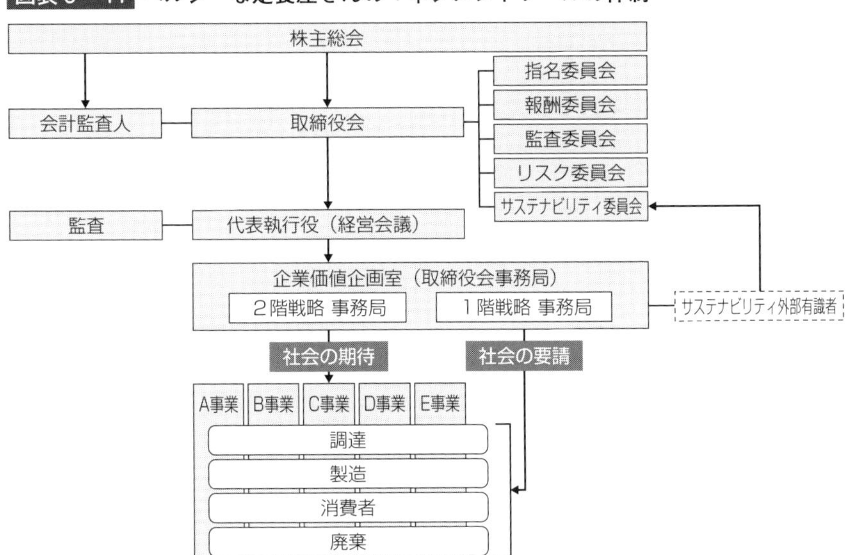

る企業価値企画室は，ともにサステナビリティ外部有識者とつながっており，専門的かつ客観的な議論を共有できる仕組みとなっている。

そして，取締役会はこれらのマネジメントツールの各項目を決議・監督し，取締役会事務局でもある企業価値企画室がそれを管理することとなる。

(2) マネジメントツールの“外部環境分析”

次の，外部環境分析の列は，統合報告書の価値創造のマテリアリティとGRIスタンダードのESのマテリアリティである。ここについては，1「(5) ヘルシーな定食屋さんのマテリアリティ」で先述した図表6－4と，図表6－5がここにあたる。統合報告書の価値創造のマテリアリティは財務系の文脈であり，GRIスタンダードのESのマテリアリティはインパクト系の文脈である。

また，外部環境分析という意味では，1「(6) ヘルシーな定食屋さんのシナリオ分析」で先述したTCFDのシナリオ分析もここにあたる。TCFDは気候関連のリスクと機会が財務に及ぼす影響について開示するものである。統合報告書の価値創造のマテリアリティと同じ財務系の文脈である。財務系の文脈は2つの異なった分析手法を用いて戦略を練るということになる。

そして，取締役会はこれらの“外部環境分析”の各項目を監督し，取締役会事務局でもある企業価値企画室がそれを管理することになる。

(3) マネジメントツールの“戦略・KPI”

最後は，戦略とKPIである。図表6－12のとおり，戦略には長期戦略と不確実性，KPIには長期目標と年次報告がある。

図表6－12 マネジメントツールの“戦略・KPI”

			戦略		KPI	
企業価値・左側	財務	CF	(CFの長期戦略) サブスク	(CFの不確実性) サブスク失敗のリスク	(CFの長期目標) CCC・ROIC・IRR	(CFの年次報告) 進捗報告
企業価値・左側	財務	株主構成	(株主構成の長期戦略) 株主のファン化	(株主構成の不確実性) 株価変動リスク	(株主構成の長期目標) 個人・外国人株主比率 持ち合い株式	(株主構成の年次報告) 進捗報告
企業価値・左側	2階戦略 (存在価値×期待)	既存ビジネス	(既存事業の長期戦略) 日本料理に加えて 多国籍メニューの拡充	(既存事業の不確実性) 競争環境のリスク ・資産の座礁リスク	(既存事業の長期目標) 継続数， サステナブル・フード	(既存事業の年次報告) 進捗報告
企業価値・左側	2階戦略 (存在価値×期待)	新規ビジネス	(新規事業の長期戦略) 多国籍料理に 日本料理のエッセンス	(新規事業の不確実性) 競争環境のリスク・ 海外展開のリスク	(新規事業の長期目標) 来店数， サステナブル・フード	(新規事業の年次報告) 進捗報告
企業価値・左側	1階戦略 (存在価値×要請)	E	(Eの長期戦略) CO_2・水・廃棄物・ 環境DD	(Eの不確実性) 社会のインフラ整備遅延・ 災害による食材・流通リスク	(Eの長期目標) CO_2・水・廃棄物・ サプライチェーン	(Eの年次報告) 進捗報告
企業価値・左側	1階戦略 (存在価値×要請)	S	(Sの長期戦略) 人権・労務・ 食品安全・人権DD	(Sの不確実性) 人材確保・宗教などの訴訟・ ウイルスなどの衛生リスク	(Sの長期目標) 人権・労務・食品安全・ サプライチェーン	(Sの年次報告) 進捗報告
企業価値・右側	ガバナンス	マネジメント(執行)	マネジメント体制			
企業価値・右側	ガバナンス	取締役会(監督)	(長期戦略の決議・監督)	(不確実性の監督)	(長期目標の監督)	(年次報告の承認) (取締役会概況・評価)

ここの長期戦略・長期目標についても，1「(7) ヘルシーな定食屋さんのESG戦略とKPI」で先述した図表6－9のとおりである。その戦略実現の不確実性として，それぞれの分野別の戦略の不確実性が挙げられている。年次報告は，その長期戦略・不確実性・長期目標の進捗報告となる。

取締役会はこれらの“戦略・KPI”の各項目を決議・監督・承認し，取締役会事務局でもある企業価値企画室がそれを管理することになる。

以上が，ヘルシーな定食屋さんのマネジメントツールの全体像である。企業価値企画室は，この1枚のマネジメントツールの全体像を俯瞰しながら，組織を管理，あるいは戦略の微調整を行っていくことになる。

3　ヘルシーな定食屋さんの情報開示戦略と報告書

(1)　ヘルシーな定食屋さんの情報開示戦略

ここからは，ヘルシーな定食屋さんの情報開示である。

第4章の情報開示戦略とは“広義の統合報告書”であった。IR・PR・CSR・ESGのすべての報告書とツールを一体として捉え，コーポレート・コミュニケーション全体で最適化を図っていた。そこでは，“ダイレクトメール・SNS，ホームページ，専門情報”という対話のステップを，“サマリー情報，ベーシック情報，個別のセクション情報”という報告書の構成に見立てて効率化し機動力を高めていた。

これは，ヘルシーな定食屋さんの情報開示においても有効である。事業規模が小さく，これからアジア地域に進出しようとする後発企業としては，必須ともいえる戦略である。しかも，顧客はこれから台頭してくるミレニアル世代やZ世代，アジア地域の消費者市民社会である。彼らとの対話では，財務系の文脈とインパクト系の文脈の2つを効率的かつ効果的に訴求しなければならない。

では，この情報開示戦略“広義の統合報告書”を使ったヘルシーな定食屋さんの情報開示について見ていくことにする。

(2)　ヘルシーな定食屋さんの統合報告書サマリー版

まず，はじめは相手先に出向いていく統合報告書サマリー版からである。ここでは，第5章で提案した統合報告書サマリー版の構成を使って整理したい。

はじめは，パーパスおよびESG戦略のエッセンスである。パーパスは，“おいしく，健康になる，そのために独自のヘルシー・メニューの開発力で顧客を創造し，ヘルシーな食事ができる幸せを提供する”である。ESG戦略のエッセンスは，ESGの2階建戦略である。2階戦略はヘルシー・メニュー開発力で顧客を創造する，1階戦略は衛生管理，食の安全，人権，CO_2（電気・ガスの使用），ゴミの削減である。

統合報告書サマリー版は，相手先に出向いていくツールのため，重要なのは簡潔性である。ページ数でいえば，全体で20～30ページくらいにまとめたいところである。そのためにはパーパスやESG戦略のエッセンスなどは極力コンパクトにまとめておきたい。

図表6－13 統合報告書サマリー版の構成

パーパス	おいしく，健康になる
ESG戦略のエッセンス	２階建戦略 【２階】ヘルシーな料理 【１階】CO_2，衛生管理，食の安全など
財務・非財務ハイライト	【財務】CCC，ROICなど 【２階】サステナブル・フードの量・比率など 【１階】CO_2，水，人権など
年次トピックス	アジアの食材による新メニュー
経営TOPの挨拶	食で心と体と地球を健康にする意志・覚悟の表明
コーポレートガバナンスの概況	社外取締役の挨拶（アジア料理の女性シェフ），CGの概況
事業の概況	レビュー（新メニューの推進）と戦略
サステナビリティの概況	レビュー（外国人技能実習生の状況）と戦略
会社概要	簡易な会社概要
詳細情報への誘導	ツールマップ

次の財務・非財務ハイライトは，大体のボリューム感をつかんでもらうことが目的である。まず，財務の戦略では，ベーシックな財務情報のほかにCCC，ROIC，個人・外国人株主比率，持ち合い株式などの情報，および，２階戦略はサステナブル・フードの量・比率などの情報，１階戦略はCO_2，食品廃棄物，人権，労務などの定量情報を掲載する。

年次トピックスとして，その年度の主な施策，出来事などを記載する。

経営TOPの挨拶として，過年度のレビューと新年度の戦略を通して，時代認識や経営の意志・覚悟などを伝える。

コーポレートガバナンスの概況として，取締役会の概況，筆頭社外取締役（取締役会議長が社内取締役会の場合は筆頭社外取締役）の挨拶を掲載する。

事業の概況として市場規模，シェア，市場環境，事業の特徴と強み，過年度のレビューと，新年度の戦略など，サステナビリティの概況としてESの取り組み，過年度のレビューと新年度の戦略などを掲載する。

最後は，簡単な会社概要と，詳細情報への誘導としてコミュニケーションツールマップも掲載しておく。

ヘルシーな定食屋さんの統合報告書サマリー版のこだわりは，コーポレートガバナンスの概況にある筆頭社外取締役の挨拶である。経営を監督できるのは社外取締役である。ヘルシーな定食屋さんの場合，取締役会議長は社内取締役であるため，それに次ぐ社外取締役として筆頭社外取締役の挨拶としている。

これは，執行のみならず監督の取締役会自体が機能していなければ，実現できないコンテンツである。その意味では，筆頭社外取締役の挨拶がここにあることにより，ESG戦略全体の実効性がかなり高いレベルにあるというメッセージを送ることができる。

(3) ヘルシーな定食屋さんのホームページ

次は，相手から出向いてきてもらうホームページである。図表6－14を見てほしい。ここでは，戦略に関連するページのみに絞って見ていくことにする。

図表6－14 ホームページの構成

ページ構成	コンテンツ
自分とは何者なのか	• パーパス おいしく，健康になる • ESG戦略のエッセンス 【2階】ヘルシーな料理 【1階】CO_2，衛生管理，食の安全など
事業内容	• 既存ビジネス 日本料理に多国籍料理のメニュー拡充 • 新規ビジネス 多国籍料理に日本料理を融合した店舗の開発
サステナビリティ情報	ES（衛生管理，食の安全，人権，CO_2・ゴミの削減など）
株主・投資家情報	• 財務 ヘルシーな定食屋さんのESG戦略と企業価値の関係 財務の状況（CCC，ROIC）・株式の状況（個人・外国人株主比率） • ガバナンス マネジメント体制（企業価値企画室，外部有識者） 取締役会（サステナビリティ委員会の設置など）
ライブラリー	ツールマップ，PDFファイル

まずは，“自分とは何者なのか”のページからである。ここには，パーパスおよびESG戦略のエッセンスを掲載する。ここで，第5章の②「(9)　ESG時代は対話の主役が変わる」で先述した“ESG時代はCSRがコーポレートサイト

のトップメッセージになる”を思い出してほしい。そのトップメッセージのページとは，この“自分とは何者なのか”のページのことである。そして，その“トップメッセージになるCSR”とは，このパーパスおよびESG戦略のエッセンス，つまり“おいしく，健康になるESGの２階建戦略”のことである。そのため，ヘルシーな定食屋さんでは，このメッセージを打ち出すために，パーパスおよびESG戦略を再定義した。そして，この“おいしく，健康になるESGの２階建戦略”は，同時に戦略やコンテンツをつなぐハブの役割も担っている。その意味では，先述の統合報告書サマリー版ではコンテンツをコンパクトにしていたが，こちらではベーシック情報として，もう少し詳しいコンテンツが必要になる。

次は，事業内容のページである。ここは，一般的な事業内容のページであり，２階戦略の概要として既存ビジネス“日本料理に多国籍料理のメニュー拡充”と新規ビジネス“多国籍料理に日本料理を融合した店舗の開発”について掲載する。

次のサステナビリティ情報のページには，衛生管理，食の安全，人権，CO_2・ゴミの削減などの取り組みとして，１階戦略の企業理念，各方針，行動規範，マネジメント体制，ESのマテリアリティ，長期戦略，長期目標を掲載する。そして，冒頭に経営TOPの挨拶，最後にGRI対照表を添えておく。

株主・投資家情報のページは，一般的なIRコンテンツの時間軸をESGの長期経営戦略に引き伸ばしたイメージである。財務・非財務ハイライト，私たちの価値創造（経営上位概念），価値創造のマテリアリティ，長期戦略・目標，株式情報，株主還元，体制といったすべてのコンテンツが長期の時間軸に更新される。そのほかに事業の概況・株主総会も必要となる。さらに，執行がESGの長期経営戦略に更新されるということは，当然ながら監督であるコーポレートガバナンスも同様に更新されることとなる。

最後は，ライブラリーのページである。ここにはすべてのPDFファイルが格納される。そのため，情報ユーザーがライブラリーの中から目的のPDFファイルを見つけやすいように，ライブラリーの冒頭にコミュニケーションツールマップを配置している。

⑷　ヘルシーな定食屋さんのサステナビリティ報告書

次は，サステナビリティ報告書である。図表６－15を見てほしい。

図表6－15　サステナビリティ報告書の構成

編集方針	GRIスタンダードの使用
組織のプロフィール	簡易な会社概要
経営TOPの挨拶	サステナブルな食文化創造の意志・覚悟の表明
G（コーポレートガバナンス）	社外取締役の挨拶（アジア料理の女性シェフ），CGの概況
ベーシック情報	• 企業理念 食で心と体と地球を健康にする • サステナビリティ方針・行動規範 サステナブルな食文化の創造を通して自社の企業価値の向上を実現するなど • 体制 企業価値企画室，外部有識者 • ESG戦略 ヘルシーな定食屋さんの2階建戦略 • GRIのマテリアリティ CO_2，労働慣行，外国人技能実習生，食品安全，食品廃棄物，感染症，サプライチェーンなど
E（環境）	CO_2，水，食品廃棄物，サプライチェーンなどへの方針，戦略，目標，取り組みなど
S（社会）	人権，労務，食品安全，サプライチェーンなどへの方針，戦略，目標，取り組みなど
外部有識者からの声，外部表彰	ステークホルダー・ダイアログの報告
GRI対照表	コンテンツの有無，掲載場所

こちらは，一般的なサステナビリティ報告書と変わりはない。ここに整理されている項目は，ほとんどがマネジメントツールの項目と同様である。そのため，マネジメントツールの項目で整理したコンテンツをどこまでブレイクダウンして掲載するかを決定すれば，報告書は完成である。

ホームページとサステナビリティ報告書の違いという意味では，ホームページがベーシック情報のコンテンツを掲載していたのに対し，サステナビリティ報告書では年次報告書として詳細なコンテンツをデータブックとして掲載することになる。

(5) ヘルシーな定食屋さんの有価証券報告書

次は，有価証券報告書である。図表６－16を見てほしい。

図表６－16 有価証券報告書の構成

主要な経営指標等の推移	【財務】CCC, ROIC，個人・外国人株主比率など 【２階】サステナブル・フードの量・比率など 【１階】CO_2，水，人権など
経営方針	• 企業理念 食で心と体と地球を健康にする • 各方針・行動規範 サステナブルな食文化の創造を通して自社の企業価値の向上を実現するなど
経営環境および対処すべき課題等	• パーパス おいしく，健康になる • 価値創造のマテリアリティ 人権，サプライチェーンなど • TCFDのシナリオ分析 気候変動はコスト増　など • ESG戦略・目標 ヘルシーな定食屋さんの２階建戦略・目標 • キャッシュ・フロー サブスクリプション • 株主構成 株主のファン化
事業等のリスク	不確実性
コーポレートガバナンスの状況等	• CG方針，取締役会の体制 サステナビリティ委員会，リスク管理委員会 • 取締役会の構成，スキルマップ アジアの食文化，有機野菜，サブスクリプションなどの知見

一般的な有価証券報告書からは数多くのコンテンツが拡充されている。例えば，主要な経営指標等の推移には財務，２階・１階の戦略の指標，経営方針には企業理念，サステナビリティ方針，各分野別の方針，行動規範が入る。経営

環境および対処すべき課題等には，パーパス（経営上位概念），価値創造のマテリアリティ，TCFDのシナリオ分析，ESG戦略，設備投資計画，キャッシュ・フロー，株主構成などが入ってくる。事業等のリスクには不確実性，MD&Aには ESGの長期目線による分析，コーポレートガバナンスの状況等にはCG方針，取締役会の体制（サステナビリティ委員会，リスク管理委員会），取締役会の構成，スキルマップなどが入る。これらは，時間軸を長期にすることにより必要となったコンテンツである。

ここに追加されているコンテンツも，ほとんどはマネジメントツールで整理してきた項目である。つまり，マネジメントツールが整理できれば，統合報告書，価値共創ガイダンス，TCFD，CGコードに対応できる新しい有価証券報告書を完成することができることになる。

(6) ヘルシーな定食屋さんのCG報告書

次は，CG報告書である。図表6－17を見てほしい。

図表6－17 CG報告書の構成（指名委員会等設置会社）

Ⅰ　CGに関する基本的な考え方・資本構成・基本属性	
1．基本的な考え方	CGコードの基本原則 • 株主の権利・平等性の確保 財務分野のキャッシュ・フロー，株主構成方針 • ステークホルダーとの協働 ESGの2階建戦略の考え方 • 適切な情報開示と透明性の確保 情報開示戦略による報告書の最適化 • 取締役会等の責務 CG方針：独立性，多様性，スキルマトリックス，報酬など • 株主との対話 経営幹部・社外取締役などによる積極的な対話

ここでは，冒頭の基本的な考え方の部分に，CGコードの基本原則に従ってESGの長期経営戦略の監督の仕組みについて拡充する。

CGコードの基本原則の第1章の株主の権利・平等性の確保では，資本政策などの項目がマネジメントツールの財務分野のキャッシュ・フロー，株主構成の方針に該当している。

第2章の株主以外のステークホルダーとの適切な協働では，マネジメントツールのESGの2階建戦略の1階戦略と2階戦略がここに該当している。

第3章の適切な情報開示と透明性の確保では，マネジメントツールでESG戦略をしっかりと管理し，各種報告書でそれらを報告することになる。

第4章の取締役会等の責務では，報酬，独立社外取締役の比率，多様性，スキルマトリックス，指名委員会，監査委員会，報酬委員会の3委員会（ヘルシーな定食屋さんでは，これにサステナビリティ委員会，リスク委員会も新設する）などの項目があり，それらはマネジメントツールのCG方針に該当している。

第5章の株主との対話では，経営幹部，社外取締役などが対話するとなっている。その意味では，統合報告書サマリー版の“筆頭社外取締役の挨拶”はぜひ掲載したいところである。

以上が，ヘルシーな定食屋さんのマネジメントツール，情報開示戦略，報告書およびツールの事例である。

第7章

まとめ

1　ESG時代に競争優位を構築するための情報開示

(1)　ESG時代とは

最後にこれまでの内容を“Why”“What”“How”のキーワードで簡単にまとめてみたい。

まずは，“Why”の「なぜ，株主提案，あるいはESG圧力は拡大しているのか」である。本書では，その象徴的な出来事として，2015年のパリ協定で“CO_2ゼロ”が，SDGsで“格差ゼロ”が採択され，時代が“CO_2ゼロ・格差ゼロ”に向け大きく舵を切ったということを紹介した。PRIやESG投資はそれを後押ししており，それが株主提案などのESG圧力となっている。その“CO_2ゼロ・格差ゼロ”の道のりは非常に険しく，2025年にはギアをさらに上げようとしている。

この流れに合わせて，ビジネスの分野でも新しい動きが始まっている。この“CO_2ゼロ・格差ゼロ”目標が企業の競争優位を決定付ける，新しいイシューとなっている。すでに，先進のグローバル企業などでは，先を競うように野心的な目標を掲げており，中には“CO_2マイナス”という目標を掲げる企業も現れているほどである。さらには，BtoB企業などでは，この取り組みを行っていなければ，取引ができないという事例まで出てきている。もはや，ビジネス界の競争においては，いかに“CO_2ゼロ・格差ゼロ”に寄与したかが重要であり，足を引っ張るものは市場から退場させられる勢いとなっているのである。

(2)　情報開示ガイドラインの動向

次は，“What”である。こうした“CO_2ゼロ・格差ゼロ”競争に勝ち抜くためには，ステークホルダーとどのようなコミュニケーションをとることが必要なのであろうか。まずは，対話の共通言語・文脈である情報開示ガイドラインの動向を確認しなければならない。

情報開示ガイドラインでは，大きく財務系の文脈とインパクト系の文脈の2つがあり，その中にはさまざまな種類のガイドラインがある。そして，2015年以降，それらは毎年のように何らかの新設もしくは改正が行われている。今後は整合化と標準化の流れへと向かっていき，その状態が今後もしばらく続くものと予想される。

しかし，ESG時代のイシューが「いかに“CO_2ゼロ・格差ゼロ”に寄与したか」であることを考えると，情報開示ガイドラインがまとまるのを待ってはいられない。むしろ，こうした情報開示ガイドラインの動向を素早くキャッチし，競合相手よりも早く上手に使いこなさなければ，競争優位を構築するどころか，生き残ることすら危ぶまれる状況となっている。もはや，一刻の猶予もないのである。

図表7－1　ESG時代に競争優位を構築するための2つの文脈（図表2－2再掲）

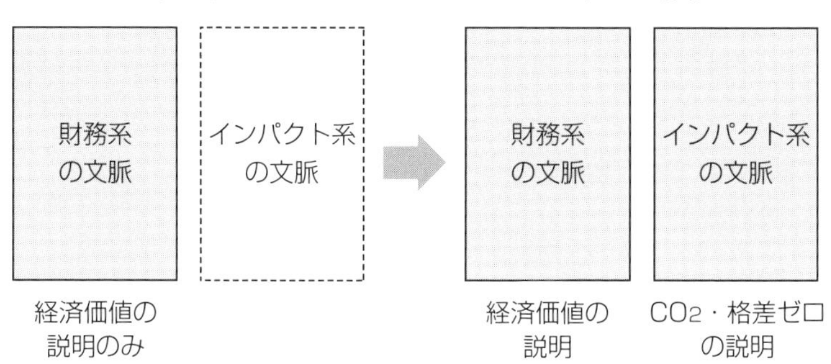

(3)　ESGと企業価値の関係

次も，“What”である。

そもそもこうしたESGと企業価値の関係はどのようになっているのだろうか。それがわからなければ，そもそもコミュニケーションができない。

このESGと企業価値との関係は，本書ではESGの2階建戦略“社会の期待と要請に応える”，具体的にはESGの2階建戦略“CO_2ゼロ・格差ゼロ”となっている。1階戦略は社会の要請に応える「自社のビジネス活動の中から生じる“CO_2・格差”をゼロにする取り組み」であり，2階戦略は社会の期待に応える「自社の強みを活かして“CO_2・格差”の課題を解決する取り組み」である。

また，この2階建戦略には制約があった。それが，市場への参加資格の規定演技と，市場での加点ポイントの自由演技である。そして，この市場への参加資格の規定演技が1階戦略の取り組みであり，市場での加点ポイントの自由演技が2階戦略の取り組みである。つまり，“CO_2ゼロ・格差ゼロ”時代を勝ち抜くための対話とは，１階戦略で市場への参加資格を取得し，２階戦略で市場での加点ポイントを獲得するというものとなる。

(4) ESG戦略を管理するマネジメントツール

ここからは，“How”である。

ESGの２階建戦略“CO_2ゼロ・格差ゼロ”の対話をするためには，どのようなコンテンツを，どのように収集すればよいのだろうか。

その対話に必要なコンテンツの管理のことを，本書ではマネジメントツールと呼んでいた。マネジメントツールでは，先述のESGの２階建戦略“社会の期待と要請に応える”の構造をベースに，主要な情報開示ガイドラインから抽出したESG戦略マネジメントに必要なディテールを組み込んでいた。そのため，このツールを管理することにより，マネジメントと情報開示に必要なエビデンスの収集を同時に行える仕組みとなる。

では，そのマネジメントツールと，先述の情報開示ガイドラインの財務系とインパクト系の２つの文脈の関係はどのようになっているのだろうか。

図表７－２では，マネジメントツールの上に，３つの四角が存在している。財務系の四角，インパクト系の四角，２つに共通するガバナンスの四角である。

図表７－２ マネジメントツールと情報開示の２つの文脈の関係（図表３－20再掲）

情報開示ガイドラインの財務系の文脈とは“財務系の四角＋ガバナンスの四角”，インパクト系の文脈とは“インパクト系の四角＋ガバナンスの四角”という関係になっている。

(5) 情報開示を最適化する情報開示戦略

続いて，こちらも“How”である。ここまでで，対話に必要なコンテンツは揃っている。あとは，そのコンテンツを使ってどのようにして効率的かつ効果的な対話を行うのかということになる。

企業のリソースは限られている。その意味では，より少ないリソースで最大限の効果を発揮しなければならない。そうしなければ，先を行く欧米企業には追いつけない。本書では，その効率と効果を最大化させるための情報開示戦略として“広義の統合報告書”という考え方を提案した。IR・PR・CSR・ESGのすべての報告書およびツールを1つとして捉え，コーポレート・コミュニケーション全体で最適化をしている。

対話のステップである“ダイレクトメール・SNS，ホームページ，専門情報”を，そのまま広義の統合報告書の“サマリー情報，ベーシック情報，個別のセクション情報”と転換した。これにより，ESG時代の対話に必要なコンテ

図表7－3　ESG時代の情報開示戦略（図表4－4再掲）

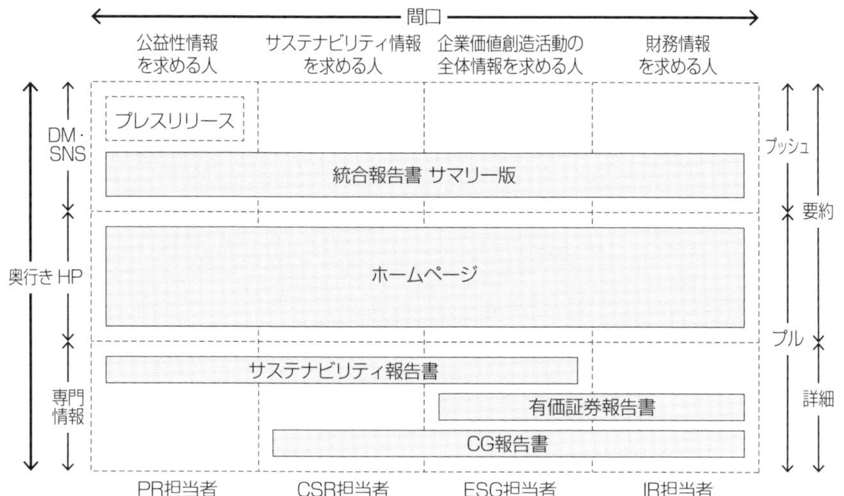

ンツの重複や抜けといったムリ・ムダ・ムラをなくし，スリムで機動的な対話を実現している。当然ながら，財務系とインパクト系の２つの文脈の最適化も行っている。

(6) 報告書の再定義

ここも“How”になる。

ESG時代の情報開示戦略“広義の統合報告書”を実現するための報告書とは，どのようなものなのであろうか。広義の統合報告書の“サマリー情報，ベーシック情報，個別のセクション情報”はどのようになっているのだろうか。

図表７－４ 広義の統合報告書と２つの文脈（図表４－７再掲）

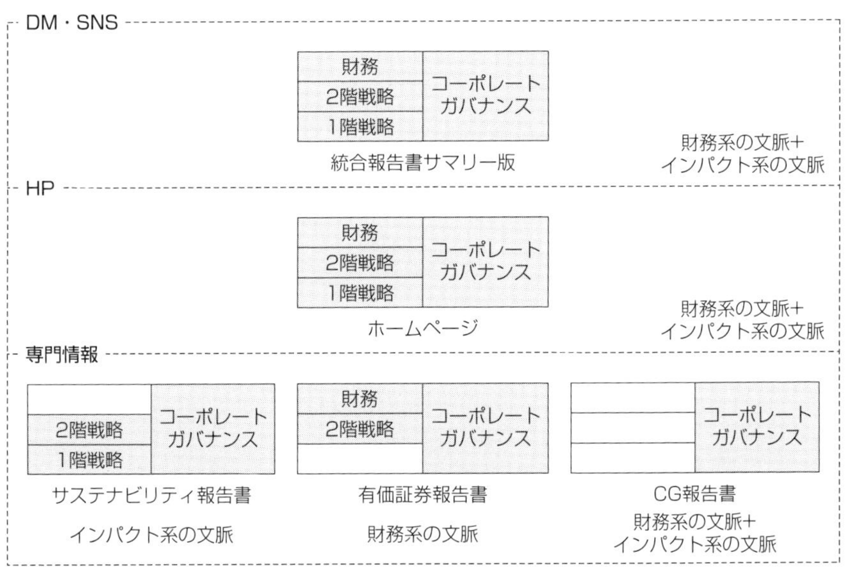

まず，サマリー情報には，統合報告書サマリー版が該当する。ここでは，財務系の文脈とインパクト系の文脈の２つを統合して，すべての情報ユーザーをターゲットに，相手先に出向く年次報告のハイライトをサマリー情報としてまとめる。

次に，ベーシック情報には，ホームページが該当する。ここでも財務系の文脈とインパクト系の文脈の２つを統合して，すべての情報ユーザーをターゲットにしている。ダイレクトメールとの違いは，こちらは相手から情報を取りにきてもらうツールであることから相手の見たい文脈に配慮すること，さらに，初めて訪れたユーザーに対し企業の顔としてパーパスを明示すること，多様な文脈や報告書のハブとしてそれらの交通整理を行うこととなっている。

最後に，個別のセクション情報には，サステナビリティ報告書，有価証券報告書，CG報告書が該当する。サステナビリティ報告書はインパクト系の文脈，有価証券報告書は財務系の文脈，CG報告書は財務系の文脈とインパクト系の文脈の両面を監督する報告書となっている。

以上が，本書のテーマである「自社に合ったESG情報開示の考え方・進め方」のまとめである。

最後に本書の冒頭にあった“益々強まる企業へのESG圧力”について，まとめておきたい。企業へのESG圧力とは，ビジネスで考えれば，時代のイシューと捉えることができる。そうであるならば，企業はそれを競争優位に変えていかなければ，新しい時代では生き残ってはいけない。その意味では，新しい時代の競争優位の構築の取り組みこそが，ESG圧力に対する最高の対応策といえる。当然ながら，それに取り組んでおけば，そもそもES関連の株主提案を出す必要自体がなくなるものと思われる。したがって，自社に合ったES戦略の情報開示を行うということは，“CO_2ゼロ・格差ゼロ”というESG時代の競争優位を構築するとともに，そうした株主提案に対する大きな対応力にもなっていると考えられる。

おわりに

出来ることから“コツコツ”と

本書では，これまで企業の実務担当者の立場から考えた「自社に合ったESG情報開示の考え方・進め方」について書いてきた。しかし，本書で提案しているESG戦略やマネジメントツール，情報開示戦略“広義の統合報告書”などは，企業全体が１つになっていなければ実現することは難しい。

企業にはさまざまな人たちがいる。営業，製造，調達，研究開発，マーケティングなどの直接部門のほか，経営企画，総務，人事，法務，財務，ITといった間接部門の方々，そしてコミュニケーション部門ではPR・IR・CSR・ESGなどの人たちがいる。それぞれの職種にはそれぞれの文脈や共通言語があり，通常でもコミュニケーションは意外と取れていないことが多い。そこに，今度はESGという時代の文脈や共通言語が加わってきているのである。この時代の文脈や共通言語については，それをキャッチする側の感度も世代によってかなりの温度差がある。さらに，そのESG時代の情報開示ガイドライン自体も，まだまだ試行錯誤の段階で“これをすればよい”というものが提示されているわけではない。その意味では，企業全体がESG戦略で１つにまとまっているというのは稀で，ほとんどの場合は“まだまだこれから”という段階ではないだろうか。

では，企業の実務担当者は現状，どのような状況に置かれているのであろうか。ある人はそうした現状を打開すべく企業内でさまざまな提案を行っている，またある人はどうすることもできない現状に対して思い悩んでいるといった声をよく耳にする。何を隠そう，筆者自身もその中の１人である。マネジメントツールでは，すべての直接部門や間接部門の連携が必要になる。情報開示戦略“広義の統合報告書”では，それに加えてコミュニケーション部門間の連携も必要になる。しかし，多くの場合，その議論自体がなかなか難しいというのが現状ではないだろうか。

そうした中，それぞれの実務担当者は来たるべき時を想定し，コツコツと自身の中で戦略のブラッシュアップを進めるとともに，企業内で良き理解者づくりを進めているのではないだろうか。本書は，そうした実務担当者の戦略のブラッシュアップや，企業内での良き理解者づくりのための問題提起，あるいはサポートになればと考えている。

良き理解者，仲間づくりが大切

また，良き理解者という意味では，企業外の良き理解者，仲間づくりも大切である。ESGがまだあまり進んでいない企業などでは，ESGの実務担当者はどうしても少数派になってしまう。人間は弱いもので，１人ではなかなか頑張り続けられるものではない。ぜひ，企業外での良き理解者や仲間づくりをお勧めしたい。気分転換や触発，良いアイデアなどを得ることも多いはずである。

筆者の場合も，企業の内外で，心ある理解者や，導いてくれる諸先輩の方たちに恵まれたことが大きいと考えている。こうして現在も実務を続けられているのは，その方々のお陰である。また，本書の執筆もその尊敬する先輩の勧めによるものである。その意味では，本書が読者の皆様のお役に立つことを通して，少しでもその先輩方へのご恩返しになればと考えている。最後になったが，本書についてご意見・ご感想があれば，お気軽に私のメールアドレスまでお寄せいただきたい（takaharu.fukuoka３@gmail.com）。ESGの良き理解者，あるいは仲間としてもウェルカムである。お気軽にご連絡をいただきたい。

筆者のESG戦略および情報開示については，創コンサルティングの海野みづえ氏，キヤノンマーケティングジャパンの細田悦弘氏，ジェイ・ユーラス・アイアールの高山与志子氏にご指導・ご鞭撻を賜り，中央経済社の末永芳奈氏には企画・編集やアドバイスをいただいた。厚く御礼申し上げたい。また，さまざまなアドバイスや資料の収集などのご支援をいただいたジェイ・ユーラス・アイアールの岩田宜子氏をはじめスタッフの皆様，そして，その他多くの良き理解者・支援者の皆様にも心から感謝の意を表したい。本書が企業，そして環境・社会の幸福と発展の一助となれば幸甚である。

福岡　貴美

[著者紹介]
福岡　貴美（ふくおか　たかはる）

エステー株式会社
コーポレート・コミュニケーション部門　広報部　エキスパート。

1988年，クリエイターとして広告，販売促進，ウェブサイト，ブランディング，建築や空間デザインなどに従事。2004年，ITや専門商社などの分野でIPOに携わり，経営企画室長・IROとして経営の戦略立案や環境整備，コーポレート・コミュニケーション全般に携わる。2008年より現職。
著書『自社に合ったESG戦略の考え方・進め方』（中央経済社・2019年１月）
takaharu.fukuoka3@gmail.com

自社に合ったESG情報開示の考え方・進め方

2021年11月１日　第１版第１刷発行
2022年６月20日　第１版第３刷発行

著　者　福　岡　貴　美
発行者　山　本　継
発行所　㈱中央経済社
発売元　㈱中央経済グループパブリッシング

〒101-0051　東京都千代田区神田神保町1-31-2
電話　03（3293）3371（編集代表）
03（3293）3381（営業代表）
https://www.chuokeizai.co.jp
印刷／文唱堂印刷㈱
製本／㈲井上製本所

＊頁の「欠落」や「順序違い」などがありましたらお取り替えいたしますので発売元までご送付ください。（送料小社負担）
ISBN978-4-502-40331-6　C3034